Callwey

Titelbild: Gary Rogers
Rückenbild: Derek St Romaine

Impressum

http://www.callwey.de
e-mail: buch@callwey.de

Die Deutsche Bibliothek –
CIP-Einheitsaufnahme
Ein Titeldatensatz dieser Publikation ist
bei Der Deutschen Bibliothek erhältlich.

Layoutkonzeption: Helmut Gebhardt,
München
Satz: Filmsatz Schröter GmbH, München
Litho, Druck und Bindung:
Fotolito Longo, Bozen
ISBN 3-7667-1414-7

Printed in Italy, 2000

Heidi Howcroft
Gudrun Lehneis

Neue Ideen für schattige Gärten

Callwey

... rund ums Haus

Ein überzeugender schattiger Garten, in dem alle Qualitäten des Schattens wie Spannung, Tiefe, Stimmung und Harmonie vereint sind.

Inhalt

Mit Schatten gestalten

Der schattige Garten ist zweifellos eine Herausforderung für jeden Gartenbesitzer und -gestalter. Schatten gehört zum Gartenerlebnis – wenn man richtig damit umgeht, stellt er eine Chance für außergewöhnliche Lösungen dar. Schatten ist dabei nicht die dunkle, schwierige oder weniger attraktive Seite. Schon gar nicht langweilig oder monoton. Wie die folgenden Ausführungen zeigen, ist das Thema »Schatten« vielschichtiger, als man zunächst annehmen möchte.
Bei der Gestaltung schattiger Gartenteile – seien sie im lichten, Halb- oder Vollschatten – denkt man zunächst an den Einsatz von Pflanzen. Derartige »grüne Lösungen« können besonders schön und durchaus effektvoll sein. Aber das ist nicht das einzige Mittel, das in Erwägung zu ziehen ist. Bodengestaltungen, der Einsatz von Gegenständen, seien es Töpfe oder Skulpturen wie auch das Licht reflektierende Objekte, gehören ebenso zu den Gestaltungsmöglichkeiten. Die Situation gibt die Richtung vor, der Freiraum wird wie ein Innenraum »dekoriert«, dabei werden Farben und Objekte aufeinander abgestimmt, um eine spezifische Atmosphäre zu erzeugen.
Auch das Angebot an schattenverträglichen Pflanzen ist wesentlich vielfältiger und interessanter als allgemein bekannt. Durch das Einbeziehen bisher noch wenig verwendeter Pflanzen wie Gräser, Farne und Moose wurde das Spektrum an schattenverträglichen Spezien erweitert. Hierbei liegt der Schwerpunkt weniger auf Einzelporträts von Pflanzen als auf deren Gruppierungen und Einsatzmöglichkeiten.
Für welchen der Ansätze man sich entscheidet, hängt von der persönlichen Einstellung gegenüber dem Garten ab. Während die »grüne Lösung« eine kontinuierliche Mitwirkung und Begeisterung des Gartenbesitzers erfordert, sind die zeitgenössischen Gestaltungen eher für viel beschäftigte, passive »Gärtner« geeignet, die sich das Gartenerlebnis installieren lassen. Unabhängig davon, welche Lösung gewählt wird, ist das angestrebte Ziel im Auge zu behalten: dabei muss man sich vor den Verführungen durch attraktive Pflanzen oder Gegenstände mit hoher Ausstrahlung hüten. Die verdichtete Anwendung von Höhepunkten fügt sich nicht zwangsläufig zu einem harmonischen Ganzen, sondern kann zu einer sich gegenseitig entwertenden Ausstellung von »Sensationen« geraten. Die Absicht wurde von Begeisterung geleitet, die Situation jedoch nicht mit einbezogen und jene Grundregel missachtet, dass jeder Höhepunkt zur vollen Entfaltung seiner Wirkung eine zurückhaltende und beruhigte Umgebung benötigt. Dieser Gedanke der standort- und situationsgerechten Verwendung von Pflanzen und Objekten zieht sich wie ein roter Faden durch das Buch.
Keine Abhandlung über Schatten ist vollständig ohne die Berücksichtigung von Schattenspendern. Was wäre beispielsweise ein sommerliches Mittagessen im Freien oder das unbesorgte Spielen von Kindern im Sandkasten ohne Beschattung? Die Möglichkeiten beschränken sich nicht auf das gelegentliche Herunterlassen einer Markise; grüne Häuser, Lufthecken, Segeldächer für den Sommer und Sonnenschirme in allerlei Farben und Formen zählen zu den aufgeführten Lösungen.
Im vorliegenden Buch werden die vielfältigen Möglichkeiten, mit der Schattenpalette strategisch und künstlerisch umzugehen, vor Augen geführt. Neben einer Vielzahl von interessanten und vielleicht ungewöhnlichen Ideen liegt das »Neue« primär im Umgang mit Schatten selbst. Eine bewusste Integration von Schatten als Element in den Planungsprozess. Wie ein Künstler mit Farben umgeht, so sollte der Gärtner mit dem Schattenspiel arbeiten. Die gewählten Beispiele sind Ausdruck einer persönlichen Einstellung gegenüber Schatten im Garten. Wenn dieses Buch dazu beiträgt, Anregungen zur Gestaltung von beschatteten Gartenbereichen zu geben und die positiven Seiten des Umgangs mit Schatten herauszuarbeiten, dann ist sein Ziel erreicht.

Wer den Mut aufbringt, dynamische Formen gezielt einzusetzen, bringt Leben in den Schatten. Im reduzierten, indirekten Licht können wohl kleinere Nuancen leicht übersehen werden, nicht aber großzügige Pinselstriche. Durch die Gestaltung wird aus einem gewöhnlichen Farn *(Polystichum setiferum)* eine Kostbarkeit, die durchaus neben einer Rarität *(Ophiopogon planiscapus* 'Nigrescens'*)* stehen kann.

Über Schatten

Schattenbilder – sei es in Form von Scherenschnitt oder Schattentheater – sind feste Bestandteile der Volkskunst. Im Garten findet Schattenprojektion wenig Beachtung. Sie gilt als ein selbstverständliches Naturphänomen ohne einen speziellen Wert.

Gestalten in Schattenbereichen bedeutet ständigen kreativen Umgang mit verschiedenen, sich gegenseitig beeinflussenden Faktoren. Bevor man sich jedoch mit konkreten Planungsgedanken befasst, sollte man sich über die Rahmenbedingungen, das angestrebte Ziel, aber auch über die Teilschritte dorthin klar werden. So sind neben der Lichtmenge auf der Grundstücksfläche die Bodenbeschaffenheit, Feuchtigkeit sowie Ausmaß und Art vorhandener Vegetation wesentliche Parameter, die es zu berücksichtigen gilt. Was letztlich zum Leitthema einer Gestaltung wird – ob Pflanzen, Wegeführung, besondere Gegenstände oder andere Elemente – ist vom Potenzial der Situation abzuleiten.
Schatten ist niemals gleich: Abhängig von den Jahreszeiten, die durch den Stand der Sonne bestimmt sind, bildet sich durch die kontinuierliche Winkeländerung der Lichtquelle (Sonne) über den Tageslauf auch die Form des Schattens auf der nicht mehr durch direktes Licht versorgten Fläche ab. Weil dies nach immer gleich bleibenden Rhythmen geschieht, kann der Schattenwurf in seiner Ausdehnung zur jeweiligen Jahreszeit berechnet und aufgezeichnet werden. Architekturstudenten üben Schattenprojektionen auf einfache und komplizierte Projektionsflächen am Beginn ihres Studiums. Ein Laie, der sich damit nicht befassen möchte, kann den Umfang eines Schattenbereichs nur durch aufmerksames Beobachten feststellen.

Dass sogar der Schattenwurf einfachster Konstruktionen – wie hier abgebildet – eine besondere Qualität besitzt, muss vor Augen geführt werden.

Einen derartigen Gegensatz zwischen hellen und dunklen Zonen gibt es nur im Hochsommer. Im Vollschatten des Baumes wächst kaum etwas, dafür erscheint die besonnte Randbepflanzung umso üppiger.

Der Kontrast zwischen Beleuchtet und Beschattet ergibt Plastizität und Tiefe.

Direktes Licht ist zunächst nicht sichtbar. Erst wenn es auf Materie auftrifft – sei es ein Staubkorn, ein Bauwerk oder wie hier ein Blatt –, wird seine unmittelbare, geradlinige Ausbreitungsrichtung unterbrochen. Das an diesem Gegenstand auftreffende Licht regt die ihm eigenen charakteristischen Farben an und reflektiert sie. Die grünen Hostablätter sind deshalb grün, weil das Material des Blattes nur spezielle Teile aus dem Spektrum des primären Lichtes ausfiltert.

Es gehört zu den eindrucksvollen Erlebnissen, das Wechselspiel von Licht und Schatten auf einem Grundstück über Jahreszeiten und Tagesabläufe hinweg wahrzunehmen. Durch die Erkundung der tatsächlichen Lichtverhältnisse auf einem Gartengrundstück wird der unterschiedliche Sonnenlauf im Sommer und Winter oder der steile Winkel des Sonnenlichts am Mittag plötzlich sehr plastisch. Der Schatten wandert im Uhrzeigersinn in einem von Jahr zu Jahr gleich bleibenden Rhythmus um den Garten.

Mit den Ergebnissen der Beobachtungen kann man zunächst skizzenhaft sonnige von schattigen Bereichen unterscheiden und entsprechend darstellen. Hierbei ist zu beachten, dass der Schattenwurf von Pflanzen – vor allem von Laubgehölzen – im Jahresverlauf wechselt und proportional zum Wachstum größer wird.

Nicht alle Grundstücke sind waagerecht. An einem Hang gelten selbstverständlich die gleichen Gesetze der Lichtausbreitung, aber hier wird je nach Abweichung von der Horizontalen und je nach Himmelsrichtung der beschatteten Fläche die Länge des Schattens verkürzt oder verlängert. Ein kugelförmiger Baum etwa verformt seinen Schatten durch die Projektion auf einen Hang abhängig von der Neigung mehr oder weniger elliptisch. Wenn man auf Berechnung Wert legt, sind Ausmaß und Position des Schattens genau kalkulierbar, dem geometrisch weniger interessierten Laien kann auch hier die Beobachtung ausreichen.

Oben links:
Auch sonnige Zonen leben von Schatten. Dadurch treten die Kontraste stärker hervor, die Gestaltung erhält eine vorübergehende Dynamik, abhängig von der Dauer der Sonneneinstrahlung.

Oben rechts:
Im Schatten von Bäumen lässt sich ein Gartentyp anlegen, der mehr mit offenen, sonnigen Bereichen in Verbindung gebracht wird. Buchsbaum gedeiht gut im Schatten, für die Gestaltung spielen seine Schnittverträglichkeit und die große Sortenauswahl eine wichtige Rolle.

Wer Schlagschatten als geometrisches Bewegungsschauspiel in die Gestaltung integrieren möchte und sich dies zutraut, kann ganz besondere Effekte erzielen. Dadurch bekommen sonst leblose Flächen eine neue Dimension.

Die Schattenarten

Nur in einem geschlossenen, öffnungslosen oder fensterlosen Raum ist es wirklich dunkel. Es kann kein natürliches Licht eindringen. In der freien Natur ist es während des Tages selbst im tiefsten Schatten so ausreichend hell, dass Farben und Formen, wenn auch nicht im Detail, erkennbar sind. Diffuses, indirektes, reflektiertes Licht gelangt aus nahezu allen Richtungen eben auch in schattige Bereiche und bestimmt das Maß der Helligkeit unter den gegebenen Bedingungen. Die Helligkeit ist höher, wenn viele helle Reflexionsflächen die dunkleren Zonen umstellen. So beeinflussen nicht nur die Intensität der Sonne hinter einem wolkenverhangenen Himmel, sondern auch reflektierende Flächen – wie beispielsweise Wände von nahen Gebäuden – die Lichtmenge. Ein Schatten wirkt an strahlenden Sonnentagen und bei ungetrübt blauem Himmel dunkler, tiefer und schärfer. Aus dem Kontrast zwischen Helligkeit und Schatten entstehen im Übergangsbereich brillante Ränder, was bei bedecktem Himmel wegen des dann vorhandenen diffusen Lichts nicht der Fall ist. Alle Kontraste sind dabei gedämpfter und schwächer, perspektivische Details werden flacher und weniger akzentuiert. Der Schattentyp ist also auch abhängig von der Restlichtmenge, die Skala reicht von nur geringer Aufhellung mitten im Wald bis zum Schlagschatten mit deutlicher Aufhellung durch benachbarte helle Wände.
Unterschiedliche Schattentypen können ganz verschiedenartige Stimmungsbilder hervorrufen: Während zum Beispiel im durchbrochenen Schatten unter luftigen Birken eher sommerlich-heitere Assoziationen aufkommen, kann tiefer Waldschatten ohne in der Nähe befindliche, helle Reflexionsflächen durchaus bedrückend und verunsichernd wirken.

Schlagschatten ist eine Bereicherung im Garten. Vereinfacht lassen sich solche Effekte in Innenhöfen mit frei stehenden Wänden oder neutralen Böden verwirklichen.

Im Sprachgebrauch sind verschiedene Schattenbezeichnungen üblich, die aber alle prinzipielle Stufen von Lichtmengen unterscheiden:

Tiefer Schatten oder Vollschatten:
Ein Durchdringen direkten Sonnenlichts von oben oder seitlich ist zu allen Jahreszeiten unmöglich. Der Schatten ist flächendeckend und seine Position konstant. Das reflektierte Licht aus der Umgebung ist nur sehr schwach, dennoch sind die grundsätzlichen Sichtverhältnisse mitten am Tag nicht beeinträchtigt, sieht man einmal von dichten, alten Nadelwaldbeständen ab, in denen die extreme Beschattungssituation ganzjährig Vegetation und Eindruck bestimmt.
Auch Mischwälder oder reine Laubwälder haben während der belaubten Zeit vergleichbare Bedingungen, ja selbst Laub tragende Solitärbäume oder großflächige, überdachte, gebaute Bereiche und innerstädtische Freiflächen, die von hohen Bauwerken umstanden sind.
Nordseiten von dichtkronigen, bis tief an den Boden beasteten Bäumen, von immergrünen Hecken, Mauern und Zäunen können diese Extremform des Vollschattens gleichfalls erzeugen. Kommt dann noch Trockenheit wegen schneller Versickerung des Oberflächenwassers hinzu, sind solche Flächen die am schwierigsten zu bepflanzenden und natürlich auch zu gestaltenden Bereiche in einem Garten. Die Ursache liegt zum größten Teil in einer gehemmten Entwicklungsphase der Krautschicht und der

Der Blick aus dem dunklen Rahmen des Vollschattens über die halbschattige Rasenfläche und den angrenzenden besonnten Bereich macht die Qualität der verschiedenen Schattenarten deutlich.

daraus entstehenden, düngerartigen Verrottungslage am Boden, die allgemein als wachstumsfördernd gilt.
Ein typisches Beispiel hierfür ist dichter Buchenwald: Alle Vegetationsstufen in Bodennähe, also Entfaltung, Blüte und Entwicklung der Samen können sich nur während der wenigen lichtreichen Wochen im Frühjahr vollziehen; während der Sommermonate unterbindet die fast lichtundurchlässige Baumkrone nahezu jedes Wachstum. Pflanzenkataloge kennzeichnen für solche Bedingungen geeignetes Material mit dem Symbol ●.

Halbschatten: Als Halbschatten definiert man den zeitlichen Wechsel zwischen direkter Sonneneinstrahlung und Schlagschatten unterschiedlicher Ausdehnung. Der Lauf der Sonne sorgt abhängig von Tages- und Jahreszeit dafür, dass voller Schatten zeitlich begrenzt ist oder dass die den Schatten bildenden Flächen relativ klein sind und von auftreffendem direkten Licht abgelöst werden. Halbschatten bedeutet also eine zeitlich eingegrenzte Sonnenscheindauer pro Tag. Er tritt an teilweise der Sonne abgewandten Hecken auf, unter der Krone von Solitärbäumen, an Waldrändern oder Gehölzsäumen, aber auch an Haus- und freistehenden Mauern.
Im reifer werdenden Garten ist diese Schattenart mit großen Gestaltungsmöglichkeiten und einem breiten Pflanzenspektrum besonders häufig. In Katalogen sind dafür geeignete Sorten mit einem ⊘ gekennzeichnet.

Wiederkehrende Muster – sei es von gebauten Objekten wie Zäunen oder von eng stehenden Baumstämmen wie hier – werden im Streiflicht verstärkt und erhalten dadurch eine abstrakte Wirkung.

Ist der Abstand zwischen den einzelnen Bäumen groß genug, steht jeder Schatten für sich. Je dichter der Stand, desto mehr schließt sich der Schatten, bis er wie im Wald fast flächendeckend wird.

Unten links: Fast wie der Zeiger von Sonnenuhren wandert der Schlagschatten der Säulenbäume mit dem Sonnenstand; diese Eigenschaft kann man im Garten bewusst als Gestaltungselement einsetzen.

Unten rechts: Halbschatten wie auf diesen Staudenbeeten beeinträchtigt die hier verwendeten Pflanzen kaum. Der Bereich liegt nur für kurze Zeit am Vormittag im Schatten und wird während des restlichen Tages von der Sonne beschienen.

Jedem sorgfältigen Beobachter wird auffallen, dass diese Kennzeichnung für Halbschatten zu allgemein ist und die unterschiedlichen Qualitäten nicht erfasst. Es handelt sich dabei nur um einen Mittelwert. Für die erfolgreiche Planung und Bepflanzung eines halbschattigen Bereiches ist es aber notwendig, zwischen Beschattung am Vormittag und Nachmittag zu unterscheiden. Nachmittagsschattige Zonen sind oft nach O/SO gerichtet, kühler und feuchter. Die Pflanzen liegen eher in der Skala Halbschatten bis Schatten. Die vormittagsschattigen Zonen liegen nach W/SW und sind wärmer, der Boden ist trockener, was eventuell häufigeres Wässern erfordert (zudem stellt die Nachmittagssonne für schattenliebende Pflanzen eine größere Belastung dar als die Besonnung am Vormittag). Die Verwendungsskala liegt hier bei Halbschatten bis Sonne.
Unser Vorschlag: Man sollte nach eigener Beobachtung die vorhandene Unterteilung differenzieren in:
◐ Vormittagsschatten
◑ Nachmittagsschatten.

Lichter oder durchbrochener Schatten:
Er steht für einen kleinflächigen, fleckenartigen Schattenwurf einer lockeren Baumkrone, wie er für Birken, Robinien oder vergleichbar licht belaubte Gehölze charakteristisch ist. Die Schattenflecken aus projizierten Blattumrissen wandern mit der Sonne und ergeben ein pointillistisch anmutendes Muster, das jede Gartensituation bereichert. Der leichte Schattenwurf beeinträchtigt das Pflanzenwachstum in diesen Bereichen nur unwesentlich, sodass auch hier bodenabhängig Sonnen- und Halbschattenpflanzen gedeihen können. Geeignete Pflanzen für diesen Bereich werden im Katalog mit ○ gekennzeichnet.

Neben den bereits erwähnten Symbolen wird in Pflanzenkatalogen – insbesondere in Stauden- und Geophytenlisten als weitere Abstufung die Bandbreite der Schattentoleranz von Pflanzen mit folgenden Symbolen gekennzeichnet:
○-◐: Pflanze verträgt Sonne bis Streuschatten oder Halbschatten
◐ - ●: Verträglichkeit von Halb- bis Vollschatten.

Zusätzlich zu dieser grundsätzlichen Unterscheidung der Schattenarten werden häufig weitere Formulierungen für die Beschreibung und Bezeichnung von schattigen Bereichen verwendet. Sie geben wertvolle Hinweise für die Gestaltung und Bepflanzung.
- Kernschatten, der dunkle, dichte und gleichmäßige Schattenbereich, vergleichbar mit Vollschatten.
- Penumbra, eigentlich ein astrologischer Begriff, der auch für Übergangszonen im Garten zutrifft. Er beschreibt ein nicht ganz dunkles Randgebiet um den Kern eines Sonnenflecks (Astron), auch Randschatten genannt.
- Mäßiger Schatten, liegt etwa zwischen Halb- und Vollschatten. Direkte Sonne ist nur von kurzer Dauer.
- Schlagschatten, der unmittelbare Schattenwurf einer Mauer, von Felswänden, Bauten oder einzelnen Bäumen, wie beispielsweise einem Säulenbaum.
- Fernschatten: auch wenn Schlagschatten von frei stehenden Objekten, Bauten oder Bäumen aus der Entfernung wirksam wird, hellt dennoch das diffuse Licht aus der unmittelbaren Umgebung die Intensität der Schattenfläche auf.
- Schattenspender, einzelne Bäume, Gehölzgruppen oder eine Konstruktion zur Erzeugung von Schatten.

Seite 16:
Hier wurden einige charakteristische Merkmale einer Gehölzrandsituation durch eine beispielhafte Auswahl von Wildstauden und einzelnen Sträuchern zur Inszenierung einer halbschattigen Atmosphäre im Garten verwendet.

Die Qualität einer natürlichen Situation in der Landschaft kann durchaus in einen Garten übertragen werden.

Hat man die Lichtmenge in einem Schattenbereich festgestellt, müssen Bodenbeschaffenheit, durchschnittlicher Feuchtigkeitsgehalt von Luft und Boden, aber auch Ausdehnung vorhandener Bepflanzung untersucht werden. Danach ist der Schattentyp näher zu definieren, also beispielsweise »trockener Vollschatten«, »frischer Halbschatten« und so weiter. Während die Lichtmenge mehr oder weniger schnell ersichtlich ist, kann die Bodenqualität nur anhand existierender Vegetation oder mit Hilfe analytischer Stichproben erkannt werden.
Ob und inwieweit Bodenverhältnisse durch Eingriffe dauerhaft verbessert werden können, ist fraglich. Von drastischen Eingriffen und Veränderungen muss abgeraten werden, denn auf Grund der Ausgleichstendenz zu Nachbarbereichen sind derartige Manipulationen meist nur kurzfristig erfolgreich und erhöhen nur den Pflegeaufwand.
Die durch Analyse erreichten Grunddaten, zu denen noch die charakteristischen Merkmale des Standorts und der Typologie der Umgebung kommen – also ob es sich um Landschaft, Gartenumfeld oder innerstädtische Situation handelt –, wie auch die dominierende Himmelsrichtung des Grundstücks legen die absehbaren Vorgaben der Gestaltungsziele fest.

Schatten im Wald und am Gehölzrand

Im Schatten von Gehölzen, teilweise auch im allmählichen Übergang der Schattierung von der Mitte nach außen, treten verschiedene Schattenarten auf. Je tiefer die Beastung reicht, umso größer wird der Schattenwurf unter der Baumkrone. Die Schattenintensität wächst aber auch mit der Dichte des Baumstandes (Abstand zwischen den Bäumen) und führt zu magerem Bewuchs darunter. Gezieltes Auslichten kann die Lichtsituation verbessern: Vollschatten lässt sich so in Halbschatten, Halb- in Streuschatten verändern. Der Waldtyp bestimmt den Schattengrad. Fichten- und Tannenwälder erzeugen ganzjährig dunklen Vollschatten, während der lockere Kiefernwuchs viel mehr Licht durchlässt. Aber auch im Laubwald bestimmen die dort vertretenen Baumarten die Lichtmenge und das Wachstum am Boden. Ein Eichenwald ist auch in voller Belaubung lichtdurchlässiger und heller als ein Buchenwald und führt zu reicherer Flora am Boden.
Am Waldrand wird das Ausmaß des Schattens durch seitlichen Lichteinfall geschwächt, was sich günstig auf die Vegetation auswirkt. Dieser Bereich liegt überwiegend im Halbschatten, aber auch hier sind die Einflüsse unterschiedlicher Gehölzarten – vor allem der Immergrünen – und der Himmelsrichtung (Nord- und Südseite) zu berücksichtigen.

Schon Rotkäppchen hatte Angst vor dem vollschattigen, finsteren Wald. Für uns alle ist ein Nadelwald etwas Unheimliches, ein Bereich, den man schnell durchschreiten will.

Sträucher wachsen im Nadelwald kaum, die wenigen Spezies suchen wie die robusten Farne und Moose die spärlich verstreuten Orte im Wald, die wärmer und lichtreicher sind.

Der Buchenwald im jahreszeitlichen Wechsel. Die Veränderung der Lichtqualität und die Schattenentwicklung werden durch diese Gegenüberstellung ersichtlich.

Frühling:
Die warmen Strahlen können ungehindert den Waldboden erreichen und erwärmen. In dieser kurzen Zeit bis zur Vollentwicklung der Laubdecke müssen viele Stauden und Geophyten wie Leberblümchen, Buschwindröschen und hier Hasenglöckchen ihren Wachstumszyklus vollenden.

Sommer:
Die dichte Baumkrone lässt kaum Licht durchdringen, die Aufhellung erfolgt duch diffuses Licht, das für das Wachstum von wenigen robusten Stauden und Sträuchern ausreichend ist.

Herbst:
Die Farbgebung bestimmt die Atmosphäre im Buchenwald; die Krautschicht zieht ein und verschwindet unter der schützenden Laubdecke.

Winter:
Durch die reflektierende Schneedecke erscheint alles heller, Schatten bilden sich nur in Form von langen, schmalen Strichen ab.

Der starke Schlagschatten des Mehrfamilienhauses geht in den fleckenartigen Schattenwurf des Sophorabaumes über. Im Sommer ist dieser Münchner Innenhof nur nachmittags für kurze Zeit besonnt, eine Tatsache, die den Standort des Sitzplatzes und Sandkastens bestimmt hat.

Rechte Seite: Die abgebildete Verteilung der Schattenszene ist typisch für viele reife Gärten.

Schatten in der Stadt

Im Innenbereich von großen Städten gibt es baulich erzeugte Situationen, die zumindest im Hinblick auf einige Faktoren Ähnlichkeiten mit den Verhältnissen im Wald aufweisen: Lichtungen haben gewisse Gemeinsamkeiten mit eng umstellten Plätzen und dichter Wald ist Straßen mit hoher Blockrandbebauung nicht unähnlich. Innenhöfe, Terrassen und Balkone sind künstliche Einrichtungen, die trotz aller Unterschiede Parallelen mit Bedingungen in der freien Natur aufweisen können.

In der Stadt ist der seitliche Schattenwurf ganzjährig von gleichmäßiger Intensität ohne einen schrittweisen Übergang vom Vollschatten in hellere Zonen; nur der Sonnenstand verändert die Länge des Schattens. Dennoch kann es heller als im Wald sein, da in manchen Situationen die Farbgebung der Wände und des Bodens aufhellend wirkt.

An dieser Stelle sind auch die mikroklimatischen Auswirkungen innerstädtischer Verhältnisse zu erwähnen, die beispielsweise leichte Temperaturerhöhungen, nachmittäglichen Platzregen, vor allem im Sommer, lokale Windbildung und stärkere Bodenaustrocknung zur Folge haben können.

Für schattenliebende Pflanzen bedeutet dies eine Belastung. Sind zusätzlich Großbäume vorhanden, dann stellt die erschwerende Überlagerung des Schattenwurfs mit den Folgen aus dem Wurzeldruck eine besonders schwierige Situation dar: der Boden ist mager, trocken und ausgelaugt, und daher haben nur sehr robuste Pflanzen eine Überlebenschance. Oft muss man auf Grund dieser kargen Ausgangslage auf andere, eventuell konstruierte Gestaltungsmittel zurückgreifen.

In unmittelbarer Nähe von Gebäuden ist die Zone um Traufe und Eingang trocken und liegt entweder im Halb- oder Vollschatten – kaum Überlebenschancen für Pflanzen unter Berücksichtigung der Tatsache, dass man die Hauswand im unteren Bereich dauerhaft trocken halten will. Hier ist es wohl empfehlenswert, von Bepflanzung abzusehen und einen sickerfähigen Bodenbelag einzubauen.

Der Einfluss besonnter Fenster auf die Beleuchtungsverhältnisse im Freien wird ganz generell unterschätzt. Große Fensterflächen um einen Hof verändern die natürliche Lichtsituation durch reflektierende Weiterleitung des Sonnenlichts von Grund auf. Pflanzen sind hier einem unnatürlichen Lichtangebot ausgesetzt: sie erhalten möglicherweise gleichzeitig Sonne von Norden und Süden und reagieren auf solche von der Evolution nicht vorgesehene Phänomene irrational.

Eine Reaktionsmöglichkeit kann sich unter anderem in verstärktem Höhenwachstum zeigen. Wie in anderen Fällen ist die Intensität des Lichteinfalls auch hier vom Sonnenstand und der Eintrittshöhe abhängig.

Schatten im Garten

Schatten im Garten ist eine zum Teil von Menschen bewirkte, vorgegebene Voraussetzung. Der Schattenwurf des Wohnhauses wie auch von Nachbargebäuden oder vorhandenen Gehölzen ist meist invariabel; andere Grundbedingungen können selbst bestimmt werden wie beispielsweise die Standorte von baulichen Einrichtungen wie Geräteschuppen, Gartenhäusern, Pergolen, Zäunen und Neupflanzungen. Hier gilt es die Forderung nach einer zweckdienlichen Platzierung mit dem eventuell störenden Schattenwurf im Garten abzustimmen.

Grundsätzlich ist zwischen einem neu anzulegenden, in der Regel wenig beschatteten und einem reifen Garten zu unterscheiden, in dem fast alle Schattenarten vertreten sind.

Bei guter und umsichtiger Planung von Neubauten ist nach Klärung baurechtlicher Voraussetzungen der Standort des Hauses mit der künftigen Beschattung des Gartens abzugleichen; so können ungünstige Konsequenzen von Anfang an vermieden werden. Neu angelegte Gärten eignen sich zunächst nur für sonnige Lösungen. Nach einiger Zeit entsteht auf Grund der natürlichen Entwicklung Schatten, auf den reagiert werden muss.

Die schwierige Gestaltungsaufgabe in diesem vollschattigen Stadtgarten wurde auf einfache, aber überzeugende Weise gelöst.

Mit wenigen Mitteln – Wasser, ein begrenztes Pflanzensortiment und Farbe – wurde eine benachteiligte Fläche in einen ansprechenden Freiraum verwandelt.

Gestalten im Schatten

Der Schwerpunkt einer erfolgreichen Gestaltung im Schatten liegt in jedem Fall auf der Entwicklung einer Systematik des schrittweisen Vorgehens. Vor Planungsbeginn sollten zunächst folgende Fragen beantwortet werden:
Wie wird der Garten benutzt, wieviel Zeit kann für die Pflege aufgewendet werden, wieviel Geld steht zur Verfügung und welches Ambiente ist gewünscht?
Die Klärung dieser und weiterer Fragen legt den gewünschten Gartentyp fest, weitere Überlegungen sollten der Überprüfung der Realisierbarkeit der Wünsche in der vorgegebenen Situation gelten.

Schattentyp und Schattenverlauf feststellen

Hierzu benötigt man eine maßstäbliche Zeichnung von Haus und Grundstück und trägt nach genauer Beobachtung Schattentyp und -ausdehnung in verschiedenen Abstufungen einer Farbe ein. Dabei ist zu beachten, dass der Schatten vorhandener Bäume von der Kronenbildung und der Höhe derselben abhängt. Auf der Grundlage dieser Feststellungen können die nächsten Schritte folgen.

Vergleich der Vorgaben mit Situationen in der freien Natur

Gartensituationen lassen sich oft mit natürlichen Situationen vergleichen. So ist der Schatten einer dichten Strauchbepflanzung einem Gehölzrand nicht unähnlich, ein reifer Garten vergleichbar mit einer Waldsituation, der Schatten nahe einer Hauswand trägt Züge alpiner Flächen in Felsnähe und ein schattiger Steingarten lässt an Nordhänge denken. Hier sind die Vorbilder aus der Natur eine hilfreiche Inspirationsquelle.

Maßnahmen

Die grundsätzliche Klärung der Gestaltungsabsicht kann jetzt anhand der gesammelten Informationen erfolgen. Es gilt eine Entscheidung zu treffen:
Ist die Situation für eine gepflanzte oder für eine mit anderen Mitteln gestaltete Lösung geeignet oder kann eine Kombination aus beiden gewählt werden?
Die Maßnahmen können sowohl die Reduzierung als auch die Erzeugung von Schatten zur Folge haben. Praktische Aspekte wie etwa der spätere Pflegeaufwand sind für den Entscheidungsprozess mit zu berücksichtigen. Bei der Festlegung auf eine Lösung sollten spontane Begeisterung oder Modetrends als Faktoren nicht an erster Stelle stehen. Mögliche Veränderungen im persönlichen Geschmack, verfügbare Zeit für Gartenarbeit und eventuell notwendige Unterstützung durch Hilfskräfte sind Gesichtspunkte, die in ihrer Bedeutung nicht unterschätzt werden sollten.
Für den dauerhaften Erfolg eines Schattengartens oder schattiger Partien sind folgende Richtlinien ständig im Auge zu behalten:

- Entscheidung für ein Thema und Beibehaltung einer Lösung.
- Mit Kontrasten aus Licht und Schatten arbeiten.
- Unter den vielen Farben ist Grün eine der wichtigsten.
- Blüten sind ergänzende Höhepunkte.
- Immergrüne Pflanzen bilden über die Jahreszeiten Grundstrukturen.
- Ein Garten kann auch ohne Pflanzen gärtnerisch sein.

Stößt man trotzdem auf vermeintlich unüberwindliche Probleme, hilft nur eines: sich von Standort und Situation leiten zu lassen, sich auf das Wesentliche zu beschränken, ohne sich durch Probleme abschrecken zu lassen.
Jeder Garten unterliegt in allen Phasen einer dynamischen Entwicklung: Veränderungen und vitaler Wuchs sind selbstverständliche Parameter innerhalb der jährlich sich verändernden Szene. Wachstum und Schatten gehen zwangsläufig Hand in Hand. So verwandelt sich der lichte Schatten frisch gepflanzter Bäume innerhalb weniger Jahre zum Halbschatten und nach Jahrzehnten zu Vollschatten.

Im Süden gilt Schatten als kostbar und hat in Mittelmeerländern eine andere subjektive Qualität als im kühlen Norden, wo man eher negative Empfindungen damit assoziiert.

Schatten erzeugen

Rechte Seite:
Die Qualität des Schattens beeinflusst im Süden das Freiraumerlebnis.

Links:
Bei extremer Sonne, etwa in südlichen Ländern, kann es erforderlich werden, zwei verschiedene Schichten unterschiedlicher Schattenspender zu verwenden. Hier schützen Baum und Schirm empfindliche Kinderhaut vor starker Strahlung.

Selbst ein begeisterter Freund der Sonne hat auch in unseren Breiten irgendwann seinen Bedarf an Hitze und Licht gedeckt und wünscht sich einen schattigen und kühlen Ort, vielleicht noch mit Blick auf sonnige Bereiche. Fehlt im Garten ein einladender Baum oder steht dieser am falschen Platz, muss umgehend Schatten erzeugt werden, etwa durch einen Sonnenschirm. Umsichtige Konzepte sehen schattige Plätze in einem Garten von Anfang an vor. Sie sind ein notwendiges Grundelement, aber auch ein kontinuierlich wachsendes Ergebnis der Gartenentwicklung. Oft bleibt der Schatten bei Neuplanungen unberücksichtigt oder wird unter den Parametern der Planung in seiner Wertigkeit gegenüber anderen Aspekten vernachlässigt. Neben dem ursprünglichen Verlangen von Menschen, von direkter Sonne in Schattenbereiche zu wechseln, sind Hell-Dunkel-Kontraste ein vorrangiges Gestaltungsmittel und von ebensolcher Bedeutung wie andere Gegensatzpaare, etwa Verdichtung und Entspannung oder Weite und Nähe. Erst mit Schatten kommt Tiefe und Spannung in einen Garten, ohne das Spiel von Helligkeit und dunkleren Zonen erscheint vieles flacher und glanzloser. An grauen Tagen spürt man es deutlich: Vordergrund, mittlere Bereiche und Hintergrund fließen dann belangloser ineinander, die perspektivische Wirkung geht zurück und verflacht. An solchen Tagen fehlt dem Schatten das prinzipiell direkte Licht. Das ihn aufhellende Licht ist überwiegend indirektes Licht

aus Reflexion, sieht man einmal davon ab, dass geringe Mengen direkten Lichts, ungewollt oder absichtlich herbeigeführt, im Schatten vorkommen.
Die »Qualität« eines Schattens hängt nicht allein von der Intensität der Sonnenstrahlung ab, sondern auch von einer emotionalen und persönlich beeinflussten Vorliebe für einen bestimmten Schattentyp. In der Skala der Möglichkeiten kann sie vom kontinuierlich direkten dunklen Schlagschatten bis zu einem lichtdurchbrochenen Teppich reichen. Wenn die persönliche Neigung neben den örtlichen Gegebenheiten festgestellt ist, können die Planungsziele definiert werden, das heißt, ob der Schatten von Bäumen oder durch gebaute Strukturen erzeugt werden soll. Die Umsetzung einer solchen Entscheidung hängt auch von zeitlichen Vorstellungen und von wirtschaftlichen Möglichkeiten ab. Gebaute Schattenspender, beispielsweise Pergolen, werden sofort nach der Fertigstellung wirksam, langsam wachsende Gehölze benötigen Zeit. Wählt man Letzteres, kann durch höheren materiellen Aufwand, etwa durch das Pflanzen von größeren Gehölzen, Zeit eingespart werden.

Schatten lädt zum Verweilen, zum Meditieren, zum Rückzug aus der Hektik des Alltags ein und vermittelt ein Gefühl von Geborgenheit – alles emotional förderliche Ebenen, die wir dringend wieder vertiefen müssen, um aus dem Zustand der Flüchtigkeit zu kommen.
An heißen Tagen übt vor allem der Schatten von lockeren, lichtdurchlässigen Bäumen eine fast magische Anziehungskraft aus. Das Zusammenspiel von Baumform und Schattenintensität ist ein wichtiger Aspekt, der gleich zu Anfang der Gartenplanung bedacht werden sollte. Der spätere Aufenthalt unter dem Baum – sei es in spontaner Art oder in Form eines fest installierten Platzes – darf auf keinen Fall bedrückend wirken.

Schatten durch Gehölze

Gehölze können auf sehr unterschiedliche Art Ursache von Schatten sein, entweder als Solitärpflanzen oder in Gruppen, gereiht als Allee oder Hecke, als dichter Wald oder Waldrand.
Bäume haben entweder eine lichte oder eine dichte Krone, sie können einer natürlichen Entwicklung ausgesetzt sein oder durch Schnitt in eine bestimmte Form gebracht werden, die während des Wachstums auch beibehalten wird. Charakter und Umfang eines Schattenspenders werden durch seine Größe, den Standort und die Nachbarschaft bestimmt. Nur wenige neu angelegte Gärten verfügen über prächtige und voluminöse Solitärgehölze oder über die Voraussetzungen für solche Strukturen. In vielen Fällen sind allein aus Gründen des verfügbaren Raumes bescheidene, nichtsdestoweniger funktionsgerechte Lösungen erforderlich.

Baumschatten

Bäume liefern die wohl angenehmste und populärste Form von Schatten. Der unterschiedliche Charakter von Bäumen führt zu entsprechend unterschiedlichen Schattenqualitäten. Schon bei der Auswahl eines Baumes, die man am besten bei voller Belaubung vornimmt, muss man die Intensität und Art des Schattens in die Gesamtbeurteilung einbeziehen. Sein neuer Standort, seine Wuchsbedingungen oder seine Fähigkeit, reduziertes Laub über den Winter zu tragen und auf diese Weise flachere Sonnenstrahlung in entferntere Bereiche zu leiten, können ihn mehr oder weniger geeignet machen.
Die Auswahl eines Baumes wird aber nicht allein durch seine Schattenbildung im Sommer beeinflusst. Eine ganze Reihe ranggleicher Aspekte verdient ebenso Beachtung. Ein Gang durch einen Park oder durch einen botanischen Garten hilft und kann als plastisches Anschauungsmaterial erste Entscheidungskriterien liefern. Stets sollten auch die heimischen Bäume in der Nachbarschaft maßgebend bei der Auswahl sein.
Schatten spenden ist eben nur eine Aufgabe eines neu zu pflanzenden Baumes; oft ist auch die Möglichkeit, sich unter ihm aufzuhalten und wohlzufühlen, von gleich weit reichender Bedeutung. So gilt die Rosskastanie mit ihrem vehementen Schatten als klassisches Symbol für den Biergarten, ohne sie wäre der Aufenthalt dort nur halb so schön.
Unter der Baumkrone wächst allerdings nichts – und das kann im Garten untragbar sein. Man muss also am Beginn der Überlegungen weiter gehende Betrachtungen anstellen, etwa ob ein üppig wachsender Bodendecker oder ein Bodenbelag erwünscht ist und einen Baum in einer Richtung suchen, die auch diesen Wünschen gerecht wird.
Die Buche ist ein verbreitetes Beispiel für dichten Schatten, es fällt bei voller Belaubung nur wenig Licht auf den Boden unter

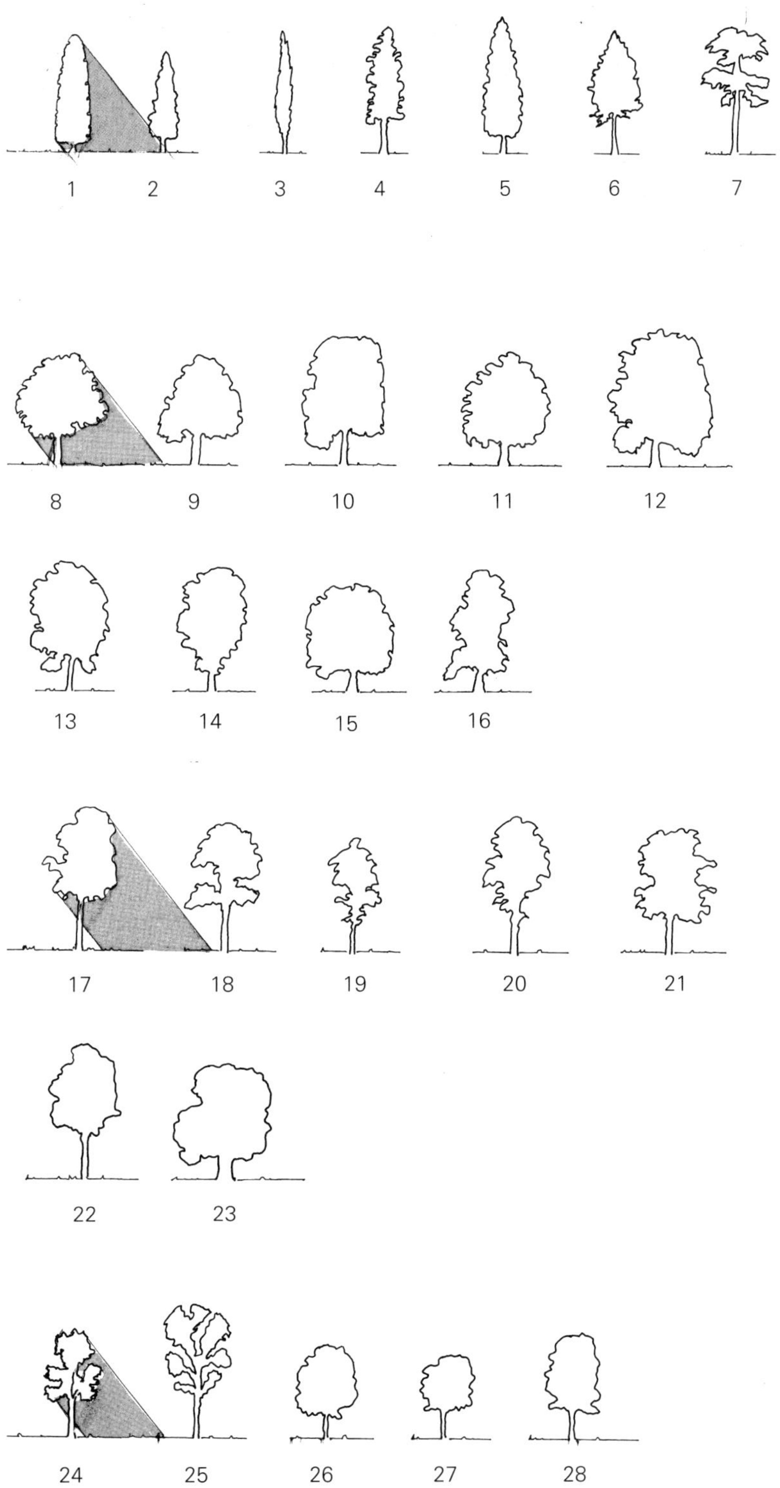

Der Baum und seine Silhouette, eine schematische Darstellung mit Beispielen des Schattenwurfs im Frühling und Herbst von solitär stehenden Bäumen, Säulenbäumen und ähnlichen Formen.

Die Einteilung bezieht sich mehr auf die Intensität und das Ausmaß des Schattens als auf eine konventionelle Gruppierung in Voll-, Halb- und lichten Schatten. Es sollte nicht übersehen werden, dass das Schattenpotenzial vieler Bäume erst vom mittleren Alter an erreichbar wird.

Säulenbäume und ähnliche Formen:
1. Zypresse, *Cupressocyparis x leylandii*
2. Lebensbaum, *Thuja occidentalis*
3. Säulenpappel, *Populus nigra 'Italica'*
4. Tanne, *Abies alba*
5. Lärche, *Larix decidua*
6. Fichte, *Picea abies*
7. Gemeine Kiefer, *Pinus sylvestris*

Laubbäume mit dichter kugeliger Krone und dunklem, massivem Schatten im Alter:
8. Spitzahorn, *Acer platanoides*
9. Bergahorn, *Acer pseudoplatanus*
10. Rosskastanie, *Aesculus hippocastanum*
11. Weißbuche, *Carpinus betulus*
12. Rotbuche, *Fagus sylvatica*
13. Walnuss, *Juglans regia*
14. Winterlinde, *Tilia cordata*
15. Krimlinde, *Tilia x euchlora*
16. Sommerlinde, *Tilia platyphyllos*

Laubbäume mit hohem Astansatz und lichter Krone:
17. Götterbaum, *Ailanthus altissima*
18. Esche, *Fraxinus excelsior*
19. Lederhülsenbaum, *Gleditsia tricanthus*
20. Silberpappel, *Populus alba*
21. Scheinakazie, *Robinia pseudoacacia*

Laubbäume mit tiefem Astansatz in ausgewachsener Form und in Solitärstellung, aber mit guter Lichtdurchlässigkeit:
22. Wintereiche, *Quercus patraea*
23. Stileiche, *Quercus robur*

Laubbäume mit kleiner und/oder lichtdurchlässiger Krone:
24. Schwarzbirke, *Betula nigra*
25. Weißbirke, *Betula pendula*
26. Apfelbaum, *Malus* sp.
27. Zierkirsche, *Prunus* sp.
28. Mehlbeere, *Sorbus aria*

ihr. Wer sie also pflanzt, muss mit magerer Bodendeckung im Sommer einverstanden sein, wird aber im Frühjahr mit einer Blütenpracht von Zwiebelgewächsen entschädigt, die dann schon wieder einziehen, wenn die Buchenblätter im Mai austreiben.
Andere Schatten spendende Bäume wie der Bergahorn oder die Linde, durchaus mit klassischem Anwendungsbereich zur Schattenbildung, machen zeitweise den Aufenthalt darunter durch klebrige Ausscheidungen unmöglich. Wer luftigen, zart gesprenkelten Schatten ohne die geschilderten Nebenwirkungen sucht, kann Birken, Robinien, Japanischen Ahorn oder Sophora wählen.
Einen lockeren Astaufbau und eine entsprechende Krone bieten auch die Obstbäume: ein Apfelbaum liefert lichten Schatten.
Bedacht sein will auch die Lebensdauer eines Baumes: Eine Zierkirsche kann nach 15 Jahren am Ende ihrer Tage sein, während eine Buche fast eine Generation benötigt, um zu einem größeren Baum heranzuwachsen.
Als Gartenbesitzer ist man aufgefordert, in größeren Zeiträumen zu denken und auch für die Nachwelt einen Beitrag in Form von Gehölzen zu leisten, deren volle Schönheit sich möglicherweise erst bei der nächsten Generation einstellen wird.

Schatten durch Schnitt

Alleen und zahlreiche Varianten dieses Reihungsprinzips haben bedeutende historische, ja strategische Hintergründe zur Schattenbildung: Napoleon beispielsweise ließ als Sonnenschutz für marschierende Soldaten Alleen pflanzen. Nach den wesentlichen Erscheinungsformen sind folgende Zuordnungkategorien zu unterscheiden:

- Flache, tellerförmige, geschlossene Baumdecken
- Lockere, voluminöse Baumdecken
- »Lufthecken«, das sind kastenförmige, kompakte Reihen von Baumdecken.

Allen ist gemeinsam, dass sie für ein Stück Gartenarchitektur stehen. Man kann sie aber nicht ohne weiter gehende Überlegungen für Schattenaspekte einsetzen, weil sie als formal dominierende Körper in einem Garten gleichzeitig Trenn- oder Führungselement, Blickachse oder großformatiger Flächendecker sind. Unabhängig von einer gewählten Form prägen solche Alleen als künstlich geschaffene architektonische Elemente die Gartenräume. Sie benötigen eine neutrale, ebene Grundlage und einen ruhigen Hintergrund, um ihre Wirkung entfalten zu können.

Viele Beispiele sind in Vergessenheit geratene, bewährte historische Gartenelemente, die manchmal nicht verwendet werden, weil man ihre Anwendung irrtümlich nur auf größere Gärten beschränkt. Bei der Erzeugung von Schatten geht es jedoch nicht um die Kopie eines Gartenstils. Insofern sind grundsätzlich jedes anwendbare Medium und jede mögliche Kombination zur Erreichung einer ästhetisch-harmonischen Aussage diskutabel.

Diese ungewöhnliche Kombination aus grüner Architektur und Schattenspender, inspiriert von Renaissancegärten, ist funktionell, eindrucksvoll und Platz sparend zugleich.

Flächendeckende Baumdecken

Man findet sie in französischen Städten als Schattenspender auf Plätzen und in öffentlichen Anlagen. Besucher der Provence werden sich an dieses gleichmäßige Schattendach für Boulespieler erinnern. Lösungen dieser Art sind neben den historischen Beispielen zunehmend auch in neuen Anlagen zu sehen. Für diese Anwendung werden speziell geschulte Platanen, Linden oder Ahorne in Abständen von vier bis sechs Metern im regelmäßigen Raster gepflanzt. Die Bäume müssen in ihrer Höhe und im Stammumfang gleich sein. Die Höhe ihres Astansatzes entspricht der beabsichtigten »Raumhöhe« der »überdachten« Fläche von etwa 2,50 bis 3,30 Metern. Die Äste werden zunächst wie bei einem horizontalen Spalier an einem Holzgerüst befestigt, das erst nach etwa fünf Jahren, wenn die Äste stärker und ineinander gewachsen sind, entfernt wird. Jährlicher Schnitt hält die Baumdecke in Form. Es ist nicht nötig, einen ganzen Wald zu pflanzen: In einem kleineren Garten können bereits vier Bäume zum gewünschten Ziel führen. Von ähnlicher, nicht ganz so strenger, grafischer Wirkung ist eine Baumdecke mit Apfel- oder Catalpabäumen. Auch hier sind die gewählten Exemplare in regelmäßigen Abständen zu setzen. Der erzielte Effekt ist eher der einer »bewegten« Decke. Um Prinzip und Bewegung deutlich zur Geltung zu bringen, sollte der Boden eben und von neutraler Struktur sein, also beispielsweise kurz geschnittener Rasen oder Kies.

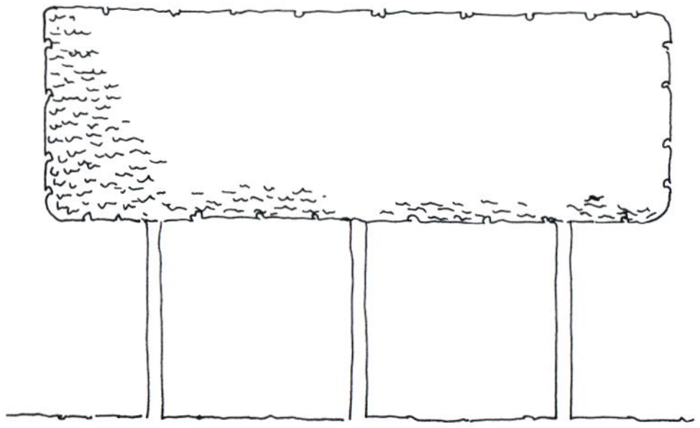

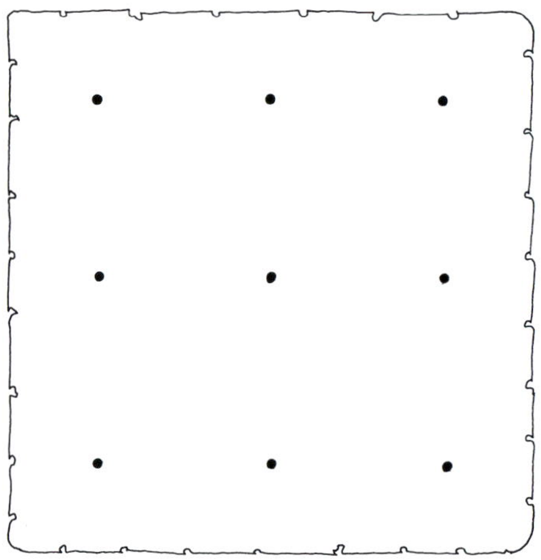

Ansicht und Grundriss einer flächendeckenden Baumdecke. Zu beachten ist die regelmäßige Verteilung wie auch die Pflanzung von Bäumen einer Art und Größe.

»Lufthecken«

Diese Hecken erheben sich gewissermaßen auf Stelzen, die wie aufgereihtes Eis am Stiel aussehen. Sie sind mit steigender Tendenz in Gärten anzutreffen, vermutlich deshalb, weil sie kaum Platz beanspruchen, den Blick zwischen den Stämmen frei lassen, gleichzeitig aber Schatten und Schutz bieten; zudem haben auch Stämme eine ästhetische Qualität. Trotz all dieser nützlichen Aspekte und deren Anwendung muss man sie als architektonisches Element mit Bedarf an flächigem Umfeld empfinden. Lufthecken, in der Literatur auch bekannt unter dem Namen »Spalier auf italienische Art« *(Alexandre le Blond Antoine Joseph Dezaillier, Die Gärtnerey, 1731)*, waren in verschiedenen Anwendungsformen von einzelnen Reihen bis zu Systemen parallel stehender Reihen oder nach oben offener Laubengänge in Gärten des 18.Jahrhunderts anzutreffen.

Ist an einem passenden Ort eine solche Hecke gewünscht, so sind die Bäume mit gleichem Stammumfang und Astansatz in Abständen von etwa drei Metern zu setzen. Versucht man es mit geringeren Abständen, ist das Resultat eine Art Stangenwand, bei größeren Intervallen vergeht lange Zeit, bis sich die Kronen schließen. Der »Heckenschnitt« ist umständlich mit einem Gerüst und sorgfältig auszuführen. Wie bei allen neu gesetzten Pflanzen ist regelmäßiges Gießen für den Wuchs förderlich. Lufthecken können wegbegleitend sein oder am räumlichen Ende eines Gartens in Rasen, Kies oder unterpflanzt mit Bodendeckern stehen.

Wichtig ist bei der Anlage der Pflanzung die Einschätzung des späteren Schattenpotenzials, das durch die lineare Wirkung der gleichfalls abgebildeten Stämme eine dynamische Wirkung erhält, die einer Schraffur nicht unähnlich ist.

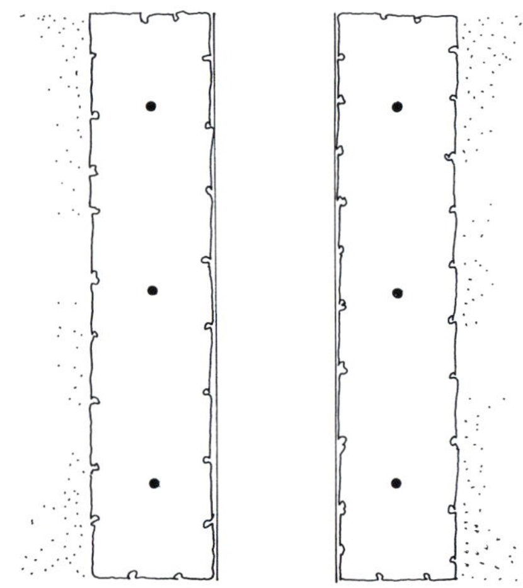

Ansicht und Grundriss einer doppelreihigen „Lufthecke". Der Abstand zwischen den Heckenreihen darf nicht zu groß sein, eine Wegbreite von etwa drei Metern ist ein gutes Richtmaß.

Links: Geeignet für einen flächigen Schutz über Plätzen, Terrassen oder frei gestellt im Außenraum, werden Baumdecken vermehrt im Garten eingesetzt.

In den ersten Jahren ist die Heckenform noch nicht ersichtlich, die frisch gepflanzten Linden haben mehr Verwandtschaft mit einer Allee.

Ein Blickfang ist immer am Ende eines Laubengangs vorzusehen. Es muss nicht ein Kunstwerk sein, ein einfaches Gartentor zieht bei aller Bescheidenheit auch Blicke auf sich.

Laubengänge sind nicht nur in prächtigen Herrschaftsgärten zu finden. In passender Größe haben sie durchaus ihren Platz im Hausgarten.

Laubengänge

Dieses Prinzip einer begehbaren Hecke liefert gleichmäßigen Schatten und eine sehr bemerkenswerte Empfindung beim Durchschreiten. Bilder aus dem Mittelalter dokumentieren die damals zunächst aus der Architektur übertragene Form von Laubengängen, die auch in der Größe auf die Kreuzgänge von Klöstern zurückzuführen sind. Diese Proportion blieb bis ins 17.Jahrhundert ein fester Ansatz in der Gartenkunst und kann sogar heute noch als Planungsvorsatz angetroffen werden. Hainbuchen, Rotbuchen, Linden und Eiben stellen die Pflanzen der Laubengänge dar. Alle sind schnittverträglich und lassen sich gut in Form biegen. Ihre Breite hängt natürlich von der Wegbreite ab, aber 1,80 bis 2,50 Meter sind ein guter Richtwert. Zur Realisierung braucht man ein einfaches, durchaus provisorisches Holzgerüst, das mit der Pflanzung zu errichten ist. Das Gerüst muss für seine Belastung ausreichend dimensioniert sein, sollte aber nicht unbedingt ins Auge fallen. Denkbar sind natürlich auch Mischkonstruktionen aus Holzpfosten mit zwischengespannten Metalldrähten.
Die Pflanzen selbst müssen sorgfältig ausgewählt werden. Besonders geeignet sind Heckenpflanzen mit einer Höhe von 1,50 Metern oder mehr. Man pflanzt sie in einem Heckengraben in regelmäßigen Abständen, abhängig von der Breite der Pflanze. Während man bei einer einfachen Hecke den Leittrieb entfernt, belässt man ihn hier und zieht ihn in die gewünschte Bogenrichtung. Seitliche Triebe können ineinander geflochten werden, der jährliche Schnitt erhält die Gesamtform. Trotz der historischen Herkunft ist ein Laubengang nicht nur ein historisches Gartenelement, sondern durchaus von moderner Wirkung.

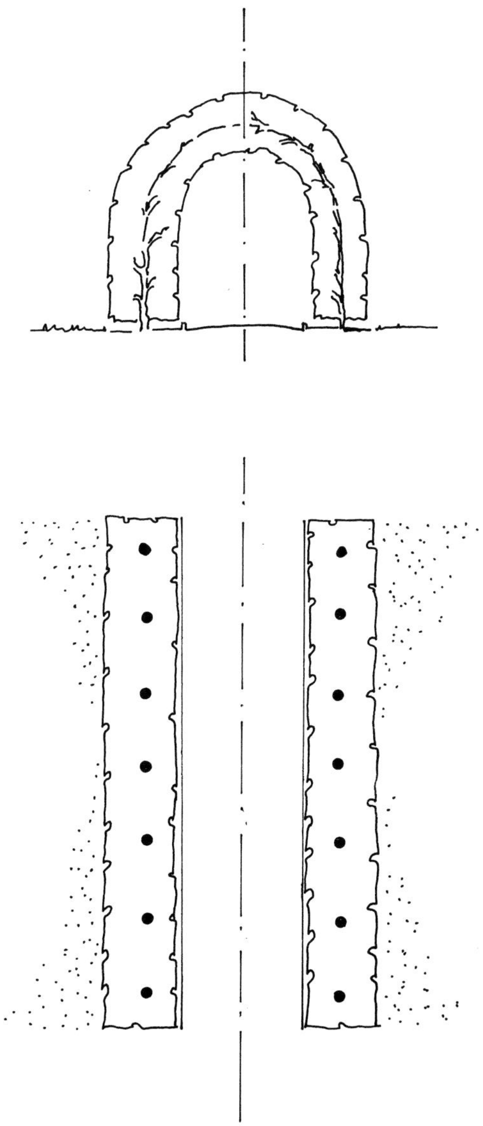

Grundriss und Ansicht eines Laubenganges. Ähnlich wie bei der Pflanzung einer Hecke müssen die Heckenpflanzen in regelmäßigen Abständen gesetzt werden. Eine einfache, formunterstützende Konstruktion ist entweder aus Holz oder Metalldrähten vorzusehen.

Diese Struktur wäre auch passend für einen kleineren Garten. Regelmäßiger Schnitt hält das grüne Haus in Form und begrenzt es.

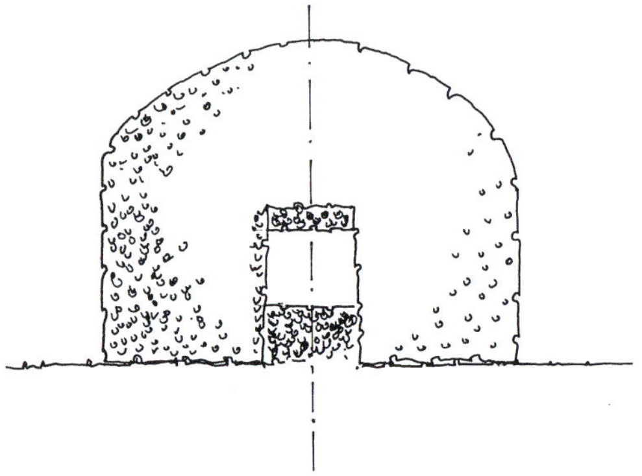

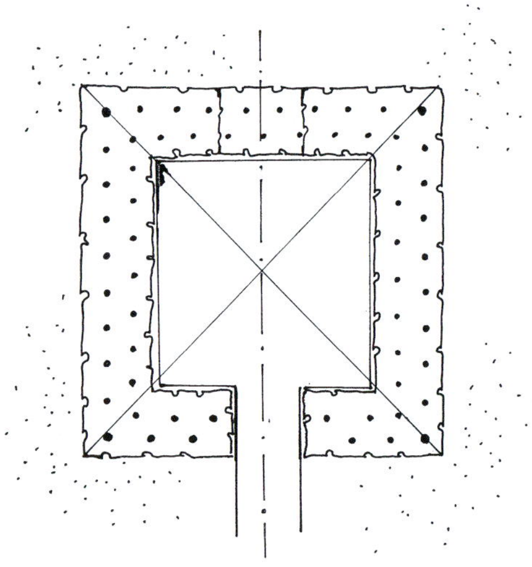

Grüne Häuser

Grüne, nur aus Pflanzen »gebaute« Sommerhäuser sind eine Kombination aus Laubengang und grünem Pavillon. Diese freistehenden Strukturen sind natürlich nur als Sommerräume zu verwenden und so auch in kleinen Gärten denkbar. Grüne Häuser sind entweder an einem dominanten Platz oder bescheiden in den Garten eingefügt beliebig einsetzbar. Man geht im Grunde wie beim Laubengang vor, zeichnet die Umrisse des Hauses auf den Untergrund, legt damit den Heckengraben fest und pflanzt in versetzten Doppelreihen, selbstverständlich mit einer Aussparung für den Eingang. Die Leittriebe setzt man wie beim Laubengang in Richtung des gewünschten Umrisses. Der regelmäßige Schnitt gewährleistet die Beibehaltung der Form.

Links:
Eine Variation zu dem Thema „Grüne Häuser": hier eine frei stehende, offene Laube aus Rotbuche um einen Brunnen.

Mitte:
Grundriss und Ansicht eines typischen Laubenhauses. Eine doppelreihige Heckenwand ist wie auch die Verwendung von geschultem Heckenmaterial von mindestens 150 bis 200 cm Höhe empfehlenswert. „Fensteröffnungen" müssen in Brüstungshöhe sein, der Blick daraus sollte auf etwas Besonderes fallen, sei es ein Objekt oder eine Landschaft.

Oben:
Ein Blick ins Innere eines Laubenhauses, gesehen in Grasse, Frankreich.

Während leichte Konstruktionen im Garten angebracht sind, können massivere Pergolen in Stadtgärten oder Höfen gebaut werden.

Das starke Blau und zarte Rot bestimmen den Gesamteindruck, akzentuiert durch das Streiflicht auf die Kletterpflanzen.

Gebaute Schattenspender

Pergolen und Laubengänge sind die verbreitetsten gebauten Strukturen unter den Schattenspendern im Garten. Neben ihrer Hauptfunktion sind sie auch eine Bereicherung und willkommene Ergänzung im Garten, wenn ihr Standort, Volumen und ihre konstruktive Erscheinung mit dessen Gestaltungsstil harmonieren. Die Abstimmung der Materialien des Schattenspenders auf das Wohnhaus ist eine wichtige Aufgabe bei der Suche nach einer optimalen Gesamterscheinung. Das Prinzip »Weniger ist mehr« gilt in diesem Zusammenhang besonders. Das »Weniger« bedeutet hier eine Reduzierung der angewandten Materialien, der Konstruktionsprinzipien und der Farben. Nur dann findet das erstrebte Zusammenspiel zwischen Licht und Schatten, Pflanzen und Gebautem statt, eine Konkurrenzsituation wird von vornherein ausgeschaltet.

Sehr geschickte Hobbyheimwerker mit Gestaltungsdrang und viel freier Zeit für die Ausführung möchten sicher selbst Hand anlegen. Für viele Gartenbesitzer ist aber die Beauftragung einer Fachfirma die bessere Lösung. Für den Fall der eigenen Ausführung soll hier auf eine fachgerechte Konstruktion mit sorgfältiger Fundamentierung verwiesen werden. Der Schutz des Holzes vor Nässe kann heute außerdem ohne chemische Mittel allein mit konstruktiven Maßnahmen erreicht werden.

Statt Pergolen nur über der notwendigen Fläche zu errichten, können sie, wenn Platz vorhanden ist, großzügig ausgelegt sein.

Rechts: Wesentlich bescheidener ist diese Holzpergola über einem kleinen Balkon. Ohne das schützende Dach wäre der Aufenthalt im Sommer nicht möglich.

Zu beachten ist das Schattenbild, das Gebautes und Gepflanztes jeweils erzeugen. Um eine harmonische Einheit herzustellen, ist ein künstlerisches Handeln erforderlich. Nur die Holzkonstruktion im Baumarkt zu kaufen, genügt eben nicht: Vielmehr sind die mehr organisch wellenartig verlaufenden Schatten der Pflanzen und die geometrisch geradlinigen, manchmal verzerrten Projektionen von Bauteilen so aufeinander abzustimmen, dass es zu einem Zusammenspiel von Streifen, Schraffuren und Rasterbildern kommt und eine gegenseitige Steigerung der Effekte erreicht wird.

Pergolen

Während Pergolen in Mitteleuropa und Skandinavien als sommerliche Erweiterung des Wohnraums betrachtet werden, sind sie im Mittelmeerraum unverzichtbar. Bei der »Anbindung« an das Wohnhaus stehen sie entweder frei vor oder sind konstruktiv mit dem Haus verbunden.
In beiden Fällen bedarf es im Hinblick auf die Konstruktionsdetails einer gewissen Feinfühligkeit. Selbst eine unmittelbare Verbindung mit dem Baukörper des Wohnhauses mit dem Ziel, Standfestigkeit herzustellen, gewinnt durch die Ausbildung einer Art Fuge zwischen den unterschiedlichen Konstruktionsprinzipien.
Ist das bestehende Wohnhaus ein wesentlich aus Holz konstruiertes Gebäude, sollte man bei der Konzeption der Pergola entweder Teile und Prinzipien des schon vorhandenen Baukörpers aufgreifen und bescheiden wiederholen, oder sich für ein ganz anderes Material entscheiden.
Während Pfetten und Sparren zweckmäßigerweise aus Holz hergestellt werden, kann man bei den senkrechten Tragelementen, den Stützen, auf andere Materialien ausweichen. Wenn aber auch hier Holz verwendet werden soll, muss es vom Boden durch einen Metallfuß als Abstandhalter abgehoben sein, um Feuchtigkeit abzuhalten. Es können genauso gut Stahlstützen, gemauerte Pfeiler oder Natursteinsäulen eingesetzt werden. Dabei müssen aber im einen Fall die Schlankheit, im anderen die Massivität auf optische Wechselwirkungen mit dem Haus und Garten überprüft werden. Es ist von großer Bedeutung, dass sie im Einklang, nicht in Konkurrenz zum Haus stehen.
Die wohl einfachste Form einer Pergola stellen Pfosten dar, auf denen Balken aufliegen;

Hier verschmelzen Gebautes (Beton) und Gepflanztes (Glyzine) zu einem eindrucksvollen Schattenbild.

sie erheben keinen architektonischen Anspruch, sollten aber im Hinblick auf ihre Tragfähigkeit statisch abgesichert sein. Anders ist es bei aufwändigen Kassettenpergolen, die selbst kleine Bauwerke sind. In allen Fällen müssen die Stützenabstände regelmäßig ausgelegt werden und so bemessen sein, dass dazwischen ausreichend Platz für die gewünschten Funktionen und das Gartenmobiliar bleibt.

Laubengänge

Laubengänge aus Holz oder Metall sind lichtdurchlässiger als gepflanzte Versionen, aber gerade diese Transparenz ist besonders reizvoll. Laubengänge müssen nicht immer über einem Weg errichtet werden. Manchmal gliedern sie eine große Rasenfläche, die unter ihnen hindurchläuft; sie können gerade, kreuzgangartig oder gekrümmt ausgeführt sein.
In jedem Fall sind sie an ein Modulsystem gebunden, dessen Elemente – abhängig von der Konzeption der Ausführung – zwei bis drei Meter lang sind. Die stützenden Elemente sehr schmaler Laubengänge können oft unmittelbar im Boden befestigt werden, während breitere Stützen – etwa ab 1,20 Meter – Fundamente brauchen, um die Standfestigkeit zu gewährleisten.
Die modulare Konstruktion gründet immer auf der Art und Weise der gewählten Überwölbung des Dachs, je nachdem, ob es flach, halbbogen- oder korbbogenartig ausgeführt ist. Für Laubengänge gibt es eine Reihe fertiger Konstruktionen und Bausätze in vielen Formen bis hin zu dazu passenden Pavillons. Oft ist eine einfache Konstruktion, die auch von einem handwerklich geschickten Amateur ausgeführt werden kann, einer fertigen Lösung vorzuziehen. Bei der Dimensionierung des Bauwerks ist einzukalkulieren, dass der mit Kletterpflanzen überwachsene Laubengang später eventuell durch hohes Gewicht belastet wird und sicher stehen muss, auch wenn kletterbegeisterte Kinder daran spielen.
Die Art der Bepflanzung des Laubengangs wie auch der Pergola muss dem gewünschten Grad der Lichtdurchlässigkeit beziehungsweise dem erstrebten Schatten entsprechen. Besteht der Wunsch, ein völlig schattiges Interieur zu erzeugen, müssen dicht wachsende Kletter- und Schlingpflanzen wie *Aristolochia macrophylla* oder *Lonicera caprifolium* gewählt werden. Wer im Gegensatz dazu einen luftigen, angenehmen Halbschatten bevorzugt, ist mit locker wachsenden Pflanzen besser beraten. Vielleicht wird er sich für Kletterrosen entscheiden.

Auch ohne Laub lässt sich die Jahreszeit eindeutig vom Schattenwurf ablesen. So sind die Schattenspender nicht nur an ihrem Sommerschatten zu beurteilen, sondern auch an ihrem grafischen Beitrag zu anderen Jahreszeiten.

Sofort-Schatten: Schirme und verwandte Konstruktionen

Beweglich und stets einsatzbereit, sind Schirme das geeignete und unverzichtbare Instrument, wenn man eine begrenzte Fläche mobil mit Schatten versorgen will. Was wäre ein Mittagessen im Freien ohne Schatten, den man zum Fünfuhrtee neu installieren kann, auch wenn die Sonne schon ein Stück weitergewandert ist?
Es gibt im Hinblick auf Größe, Konstruktion und Material eine große Vielfalt von Schirmen. Bei der Auswahl sind neben der Stoffart und -farbe die Größe, Handlichkeit und Standfestigkeit bei Wind wie auch die Einschätzung der eigenen Kraftreserven, die zum Aufspannen erforderlich sind, zu berücksichtigen. In vielen Fällen erleichtert ein kleiner Flaschenzug die Handhabung größerer Exemplare.
Die Qualität des Holzes, das Gewicht der stabilisierenden Bodenplatte sowie die Widerstandskraft des Stoffes, der, selbst wenn er im Lauf der Zeit ausbleicht, den ultravioletten Strahlen standhalten muss, beeinflussen den Preis. Letztlich sind Form und Farbe eine Sache der persönlichen Entscheidung. Auch wenn es nebensächlich zu sein scheint, beeinflusst die Farbe des Sonnenschirms doch das Erscheinungsbild der angerichteten Speisen und den Teint der Gastgeberin, was am späten Nachmittag von geringerer Bedeutung ist als mittags. Etwas Rot, selbst im blauen Schirm, wird diesem Aspekt gerecht.

Die Markisen und frei stehenden Schirme in diesem kleinen Hotelinnenhof dienen mehr als nur dem Sonnenschutz. Sie sind raumwirkend, blickbestimmend und geben in ihrer Überlappung eine interessante Tiefenwirkung.

Markisen und Sommerdächer, also die immobile Sonderform der Schirme, sind baugebunden, das heißt, sie sind mehr oder weniger ein dauerhafter Bestandteil des Hauses und bedürfen der sorgfältigen Abstimmung mit ihm. Auch hier ist alles erhältlich, was den Bedienungskomfort betrifft. Der Bereich der Anwendung von Markisen und Sommerdächern ist wie der seiner Schutzfunktionen weit gespannt. Schließlich ist selbst der Schutz vor sommerlichem Regen eine von der Schattenerzeugung unabhängige Wohltat, ein Zweck, den Gastronomen neben der illusionistischen Vermittlung südländischer Atmosphäre gerne in Anspruch nehmen.

Oben: Der „Siamschirm", einmal in Marine und in Bordeaux, zeigt die unterschiedliche Wirkung in Abhängigkeit von der Umgebung. Da diese Schirme kleiner sind, spenden sie zwar weniger Schatten, können dafür aber leichter umgestellt werden.

Manche Beschattungsmaßnahmen müssen spontan geschehen. Für das Picknick im Freien, für das jährliche Gartenfest oder als temporärer Schutz über dem Sandkasten kommt dieses Schattentuch zum Zuge. Einfach an drei Punkten aufzuhängen, ist es beliebig einsetzbar.

Eine Schirm-Landschaft: Schirme sind in einer Vielzahl von Formen, Farben und Größen erhältlich. Die Verbreitung des Typus „Veroneser Marktschirm" hat ein südländisches Flair in unsere Gärten gebracht. Diese quadratischen Sonnenschirme sind ideale Schattenspender über größeren Tischen, lassen sich aber nicht ohne Weiteres von einer Person verstellen.

Geeignet für eine Dachterrasse ebenso wie im Garten, setzt diese Schattenstruktur aus Segeltuch und Stahlrohr die Formensprache von Pergolen frei.

Ähnliche Strukturen wurden schon auf Gartenschauen der 70er-Jahre verwendet, aber erst jetzt beginnt ihr Einsatz in Privatgärten.

Gartenwege und Sitzplätze im Schatten

In schattigen Bereichen, wo kaum etwas wächst, kann der Bau eines Platzes die beste Lösung sein. Die weißen Pflastersteine bringen zusätzliche Helligkeit und wirken als Mittelpunkt und Hintergrund zugleich.

Wege und Pfade, kleine Plätze oder Terrassen sind im schattigen Garten neben den Pflanzen ein gleichrangiges Gestaltungselement. Neben den zunächst im Vordergrund stehenden zweckgebundenen Funktionen kommt ihnen für das Erleben im Garten eine wichtige Vermittlerrolle zu.

Wege und befestigte Flächen sind im Unterschied zu Pflanzflächen, die aus verschiedenen Ursachen in der Regel einem formalen Wandlungsprozess unterliegen, auf größere Dauerhaftigkeit hin angelegt. Schon ihre Planung geht in allen Facetten der technischen Überlegungen von einem längeren Bestand aus, der durch den wirtschaftlichen Aufwand noch unterstrichen wird. Am Beginn der grundsätzlichen Überlegungen einer Wegeführung oder sonstiger befestigter Flächen gebührt dem konzeptionellen Teil allerdings immer der Vorrang vor allen möglichen technischen Details.

Unterschiedliche Gärten, Gartentypen, ja selbst Zonen in ihnen, führen zur Ausbildung verschiedenartiger Wege oder Plätze. Dies sollte sehr früh und gleichrangig mit allen anderen Aspekten in eine Planung einfließen.

Der Grundcharakter eines Gartens beeinflusst die Verteilung der befestigten Flächen und deren Belagarten in vielerlei Hinsicht. So müssen im schattigen Garten der Verlauf von Wegen und die Anordnung von Plätzen vorhandene und geplante Solitärpflanzen und Gehölze berücksichtigen. Nur so wird der Garten zu einer Gestaltungseinheit.

Im Schatten müssen Wege wie Plätze sorgfältig eingefügt werden. Die Abstimmung zwischen der Vegetationsfläche und befestigten Bereichen sollte das künftige Wachstum und die Veränderung der Pflanzen berücksichtigen.

Manche Beläge wie Holz, Ziegel und Naturstein sind prädestiniert für schattige Situationen. Wenn ortstypische Materialien eingesetzt werden, gehen sie zusammen mit der Pflanzung eine harmonische Verbindung ein. Ebenso wie das Material bestimmt dessen Format den Gesamteindruck. Die Verwendug von mehreren Belagarten und unterschiedlichen Formaten innerhalb einer Fläche oder verteilt im Garten ist natürlich möglich, um besondere Effekte zu erzielen. Dabei sollte nicht außer Acht bleiben, dass ein aufwändig gestalteter Bodenbelag nur in einem eher neutral gehaltenen Umfeld zur Geltung kommt. Das heißt, die begleitende Pflanzung muss zurückhaltend und bescheiden sein.

Gerade in schattigen Partien mit ihren unterschiedlichen Lichtabstufungen ist eine optische Konkurrenz zwischen dem Belag und den Pflanzen unbedingt zu vermeiden. Manche Platten- und Pflasterbeläge können auf Grund ihrer Fertigung und Verlegung starke Raster erzeugen, die im Kontrast zu den weichen Konturen eines Gartens stehen. Das daraus resultierende strenge Muster des Fugenbildes kann deutliches Unbehagen hervorrufen und nur dadurch gemildert werden, dass die angrenzenden Pflanzen locker über die Einfassungen wachsen dürfen. Polierte Flächen sind schon ihrer unnatürlichen Erscheinung wegen im Schattengarten eine gewagte Sache und deshalb generell nicht zu empfehlen. Auch Bruchsteine sind mit Vorsicht zu verwenden; sie mögen rustikal

Holzbohlen passen zum Ambiente eines Wald- oder Schattengartens, sind aber bei Feuchtigkeit rutschig, wenn nicht entsprechende Maßnahmen getroffen werden. Eine geriffelte Oberfläche oder die weniger schöne, aber zweckmäßige Anbringung von Drahtgeflecht lösen das Problem.

erscheinen, stellen aber oft eher Stolperschwellen als sicher zu begehende Flächen dar. Ein wichtiger technischer Aspekt ist natürlich die Trittsicherheit. In schattigen Bereichen verwandeln sich Platten- und Pflasterflächen bei Nässe leicht in Rutschbahnen. Der Schattengarten liefert einer begehbaren Fläche viel Feuchtigkeit, lässt darauf Moos wachsen oder deckt sie mit Blättern zu. Deshalb sollte die Oberfläche von Belägen, die so genannte Sichtfläche, nicht zu glatt und eher leicht angeraut sein, sodass die gesamte Fläche griffig und rutschfest bleibt. Bewährt haben sich sandgestrahlte, leicht bearbeitete Steine, wie auch Kieselpflasterung in einer Größe bis etwa zehn Zentimeter; hier ist auf eine fachgerechte Verlegung zu achten.

Gartenwege

Von Wanderungen in freier Natur kennt man Unsicherheiten der Orientierung, weil sich die Wege und eine angrenzende Fläche in ihren Übergängen nicht deutlich genug unterscheiden. In schattigen Bereichen im Garten, wo die rasche Erreichung eines Zielpunktes nicht an erster Stelle steht, kann eine verspielte, teilweise versteckte Wegeführung als besonders gelungen erscheinen. Wechselnde Wegbreiten mit oder ohne Einfassungen, Verengungen und Erweiterungen, Beiträge zur Verlangsamung beim Durchschreiten steigern das Erlebnis des Begehens, Erfahrens und Erfassens des Gartens.

Holzhäcksel fügt sich besonders gut in Waldgärten ein. Die Nachteile des Materials – nämlich dessen Verwandlung in eine matschige Fläche bei Regen – können durch einen fachgerechten Unterbau gemildert werden.

In einem großen Garten können die Wege durch das Gelände in einer Weise gelegt werden, dass seine Topografie oder Plastizität gerade im Kontrast mit der Waagrechten erfahrbar wird. Sie bieten Chancen der perspektivischen Überhöhung, zur Sichtbarmachung eines Lichtpunkts aus dem Schatten oder eine mäandernde Spur zur Verlangsamung der Strecke gegenüber der direkten Verbindung. Wege in solchen Situationen gleichen Trampelpfaden oder Wirtschaftswegen und sind oft aus bescheidenen Materialien wie Kies, wassergebundener Sandstreudecke, Holzhäcksel oder gar gestampfter Erde.
Geordnete, kleinteilige Schattenzonen eines Hausgartens sind natürlich bei der Wegeführung und Belagwahl anders zu behandeln als ein auf den ersten Blick wild wachsender Wald- oder Landschaftsgarten. Der Charakter eines Weges ändert sich hier und zeigt mehr materielle Qualität. Hier steht die ganze Palette der Möglichkeiten zur Wahl: Pflaster, Ziegel, Naturstein oder Holz bieten ein nicht enden wollendes Spektrum von Alternativen. Aber nicht alles, was verfügbar ist, unterstreicht den Charakter eines Gartens. In aller Regel nützt die weise Beschränkung der Mittel mehr. Dies ist im Schattengarten ganz besonders zu berücksichtigen.

Links oben:
Einzelne Gehölze, die einen geraden, direkten Weg behindern, können Veranlassung dafür bieten, einen kurvigen Wegeverlauf zu nehmen, der zwar umständlicher, aber dafür reizvoller ist.

Rechts oben:
Rasenfugen, ob zwischen Ziegel- oder Natursteinpflaster, sind im Halbschatten als Bindeglied zwischen zwei Beeten geeignet.

Links unten:
Wege können unabhängig von ihrer Funktionalität einen eigenen Reiz entwickeln.

Rechts unten:
Bei der Anlage von großflächigen Halbschattenbeeten ist die Art der Einfügung des Weges von wesentlicher Bedeutung. Er kann als Beettrennung wirken oder sich wie hier in der Pflanzung auflösen.

Als Orientierungshilfe ist eine eindeutig ablesbare Hierarchie von Wegebreiten nützlich. In waldähnlichen Partien wird kein großer Anspruch auf die Belagart gelegt. Gestampfte Erde, wassergebundene Sandstreudecke oder grober Kies fügen sich wesentlich besser als hochwertiges Material ins Gesamtbild ein. Ist der Weg schmal, handelt es sich um einen Nebenweg, der nicht unbedingt zu einem bestimmten Ziel führt. Hauptwege hingegen sind so breit, dass zwei Personen bequem nebeneinander gehen oder Nutzfahrzeuge darauf fahren können.

Rechte Seite:
Wie stark das Erscheinungsbild durch das Material beeinflusst wird, ist in diesem Bild deutlich sichtbar: Links ein Waldweg aus Holzhäcksel, rechts ein Wiesenweg, beide im Halbschatten. Während der grüne Weg im Bewuchs verschwindet, tritt der braune Weg hervor.

Insbesonders bei Regen werden zu glatte Oberflächen rutschig; eine leicht aufgeraute Oberfläche – entweder sandgestrahlt oder gestockt – begegnet dieser Gefahr.

Links: In unmittelbarer Nähe von aufwändig gestalteten Schattenbeeten ist es angebracht, schlichte, funktionsgerechte Beläge für den Weg zu wählen.

Rechts: Ein vernetztes Fugenbild ist Teil eines schönen Gartens. Die symbiotische Beziehung zwischen Belag, Moosen, Flechten und Kleinstauden mit ihren malerischen Übergängen darf kein Opfer der Reinlichkeit werden.

Einfassung –
eine optische Bereicherung oder nur technische Notwendigkeit?
Schattenpartien im Garten und ihre reduzierte Helligkeit, welche die Kontraste bei der Erkennung mildert, verlangen nach Überlegungen, auf welche Weise Übergänge zwischen Wegen und anschließenden Pflanzflächen gestaltet werden können. Wenn die Form eines Wegeverlaufs oder Platzes festgelegt wurde, kann man seine Kontur gegenüber den Vegetationsflächen dämpfen oder überhöhen. Entweder so, dass die Grenze zwischen Weg und Pflanzung aufgelöst wird oder dass im Gegenteil die Grenze akzentuiert und gegenüber einer schattigen Umgebung heller oder dunkler gefasst wird.
Die Notwendigkeit einer Einfassung rangiert oft hinter ästhetischen Aspekten. Entdeckt man dieses Versäumnis bei der Planung, lässt es sich leicht korrigieren; nach erfolgter Ausführung ist dies ein kostspieliges und zeitraubendes Unterfangen. Eine Einfassung ist wesentlich mehr als eine Grenze zwischen Bereichen, denn zusammen mit dem Betonkeil gibt sie dem Belag Stabilität und Halt – eine der wichtigsten Voraussetzungen für Dauerhaftigkeit.
Die Einfassungsarten reichen von Linien, etwa wie hochkant gestelltes Ziegelpflaster, bis hin zu breiten Einfassungsbändern aus mehrzeiligem Mosaiksteinpflaster. Starker Kontrast in der Farbgebung wie bei der Verwendung von nahezu weißen Carrara-Marmor-Pflastersteinen oder schwarzem

Große Kieselsteine fassen den Kiesweg in diesem Waldgarten in vielen Abschnitten ein. Die Abstimmung zwischen Einfassung und Belag muss genau überlegt werden; wer unsicher ist, sollte lieber zu einfachen Lösungen greifen.

Basaltstein steigert das Erlebnis von Schattenzonen. Zwischen solchen extremen Lösungen liegt beispielsweise Ziegelpflaster, angeboten in vielen unterschiedlich warmen Erdtönen als angenehmer Begleiter zu den tiefgrünen Schattenbereichen eines Gartens. Vorsicht ist geboten bei der Verwendung von Rundholz als Abgrenzung. Die Hölzer sind zu lang und auch wenn in kleine Stücke geschnitten zu starr, um Kurven nachzuzeichnen. Die Zick-Zack-Wirkung solcher Holzstangen steht im Widerspruch zum gewünschten Effekt.

Schattige Sitzplätze

Während Terrassen in der Regel zur Sonne ausgerichtet sind und an das Wohnhaus angrenzen, sind Sitzplätze oft schattige Rückzugsorte, nicht selten abgelegen oder gar versteckt. Manche sind so platziert, dass man den Blick auf den Garten oder die angrenzende Landschaft genießen kann. Es sind kontemplative Orte, vom Weg, der zu ihnen führt, abgesetzt, herausgerückt aus einer Wegkreuzung, aber auch als Endpunkt einer Blickachse. Oft ist nur Platz für eine Sitzbank, gedacht für einen kurzen Aufenthalt. Die Ansprüche an die physikalischen Qualitäten eines Bodenbelags sind bescheiden, sie sollten aber eine beabsichtigte Atmosphäre oder Stimmung unterstützen. Andere Forderungen sind eher praktischer Art: durch eingebaute Gefälle Oberflächenwasser schnell abzuleiten und eine ausreichend große Stellfläche für eine Sitzbank oder anderes Gartenmobiliar zu bilden.
Plätze am Wasser im Schatten eines Baumes brauchen ein besonderes Einfühlungsvermögen. Die einzelnen Elemente sind hier so aussagekräftig, dass man solche Orte nicht besonders kennzeichnen muss. Sie können dem Sonnenstand entsprechend wechseln und sind weder an einen ausgewiesenen Ort noch an einen besonderen Belag gebunden, eine ebene Rasenfläche reicht völlig aus.

Im Garten müssen nicht alle Sitzplätze fest installiert sein; der „bewegliche" Platz, der mit dem Schatten wandert, hat viele Vorteile.

Der Platz als solcher ist nicht hervorgehoben, die Sitzbank fügt sich selbstverständlich im Bewuchs ein.

Die Verwirklichung eines romantischen Sitzplatzes im Schatten ist eine schwierige Aufgabe. Dennoch gibt es viele gute Beispiele.

Die gewünschte Stilrichtung bestimmt die Art der Gestaltung einer Sitzgruppe: beispielsweise städtisch elegant (links) oder ein eher unauffälliges, selbstverständlich ländlich wirkendes Ensemble (oben).

Lichter Schatten schränkt das Vokabular von Belagarten ein. Ein eher zurückhaltender Entwurf mit maximal zwei Materialien, beispielsweise wie hier abgebildet Kies und Platten, ist sehr gefragt.

In gleichmäßig beschatteten Zonen – sei es Halb- oder Vollschatten – sind fachgerecht ausgeführte Materialmischungen eine Bereicherung.

Für Innenhöfe ist das Repertoire von Mustern – sei es mit Kieselsteinen, Ziegel-, Klinker, Klein- oder Mosaiksteinpflaster ausgeführt – unendlich. Von freien bis zu streng geometrischen Formen ist jede Variation möglich.

Farbe am Boden

Die Gestaltung von Böden in Innenhöfen bietet einen unendlichen Raum für Fantasie. Beispiele aus dem klassischen Mittelmeerraum mit römischer Dominanz, dem griechischen Mittelmeergebiet mit kleinasiatischen Einflüssen und dem iberisch/arabisch/maurischen Kulturkreis stellen eine schier unerschöpflich erscheinende Inspirationsquelle für individuelle Handschriften dar. Kein Garten oder Hof gleicht dem anderen. Als Ausgleich für die eingeschränkten Möglichkeiten der Bepflanzung konzentrieren sich die dekorativen Maßnahmen auf den Boden. Viele spielen mit dem klassischen Spannungsfeld Hell-Dunkel aus der Skala möglicher Kontraste.
Wenn auch die weißen, schwarzen und Grautöne in der Farbgebung überwiegen sollten, kann eine klug ausgewählte Farbe aus einem anderen Farbkreis an geeigneter Stelle durchaus zu einem spannungssteigernden Moment führen. Man muss dabei allerdings sowohl hinsichtlich des Farbtons als auch der Qualität des Bodenmaterials sehr sorgfältig auswählen; die ortstypischen Erzeugnisse aus dem Mittelmeerraum lassen sich nur sehr eingeschränkt in den kalten Norden transponieren. Bodenfrost kann in Glasuren eindringen und Naturstein wie auch Fliesen und Platten auffrieren lassen. Nichtsdestoweniger bleibt genügend gestalterischer Spielraum, wie die Bildbeispiele zeigen.

Bei der Materialwahl sollte man daran denken, dass alle Bodenbeläge, insbesondere Naturstein und Beton unter Witterungseinfluss nachdunkeln. Nur weißer Marmor behält annähernd seine Farbe, die allerdings in unmittelbarer Nähe von Kupferdächern oder in der Tropfzone von Kupferregenwasserleitungen einen grünlichen Stich bekommt. Um hell-dunkle Bodenmuster in ihrer Wirkung langfristig zu erhalten, müssen die kontrastierenden Materialien deutlich voneinander abgesetzt werden. Anfangs fast schon grelle Unterschiede werden mit der Zeit und dem Gebrauch etwas beruhigt; probeweises Befeuchten der Mustersteine hilft die spätere Farbgebung einzuschätzen.
Ob eine Bodengestaltung gelungen ist oder nicht, beweist als unbestechlicher Test der Anblick von oben. Aus dieser Perspektive sollte der gestaltete Platz wie ein gut komponiertes Bild wirken.

Schatten: eine Chance für Grün

Im Schatten können durch die Kombinationen von Pflanzen mit unterschiedlichen Blattformen, -strukturen und -oberflächen, aber auch Grüntönen ganz besondere Wirkungen erzielt werden, wie diese Gruppierung charakteristischer Blattschmuckstauden *(Hosta sieboldiana* 'Elegans', Blaublattfunkie, *Rodgersia podophylla*, Schaublatt) eindrucksvoll beweist.

Es entspricht einer Tendenz unserer Zeit, bei Gestaltungsaufgaben im Garten nicht allein mit Pflanzen zu arbeiten. Einerseits ist dies Ausdruck einer veränderten Einstellung gegenüber den traditionellen Gestaltungsmitteln im Garten, andererseits auch Konsequenz der Reduzierung verfügbarer Grundstücksflächen. Ob sich allerdings bei der Substitution einer grünen Lösung durch eine Designerlösung auf durchaus hohem, ästhetischem Niveau die erwünschten Erlebnisqualitäten einstellen, mag bezweifelt werden. Selbst Grundstücke mit minimalen Abmessungen ermöglichen das Erleben natürlicher Entwicklungsprozesse und bieten dem Gärtner Gelegenheit, sich kreativ zu betätigen und mit dem Reifen seines Gartens Einsichten in das komplexe Wirkungsgefüge zwischen Pflanzen und Umwelt zu gewinnen. Wer keinem starren Entwurfskonzept anhängt, sondern mit den vorhandenen Bedingungen kooperiert, wird auch für einen überwiegend schattigen Garten adäquate Lösungen mit Pflanzen finden und vermutlich mit den Jahren dem subtilen Reiz der grünen Schattenwelt erliegen. Diejenigen, die mit Schatten im Garten umzugehen haben, blicken oft sehnsüchtig auf farbenprächtige Sonnenbeete und übersehen, dass es auch für ihre vermeintlich benachteiligte Situation gut funktionierende und reizvolle, grüne Lösungen gibt. Dass eine gelungene Schattenpflanzung dem Gärtner vor allem spezielle Kenntnisse, aber auch viel Einfühlungsvermögen und Geduld abverlangt, ist eine gegebene Tatsache. Der verhältnismäßig große Zeit- und Arbeitsaufwand ist aber eine notwendige Voraussetzung, wenn man eine eigenwillige, charaktervolle und beständige Lösung mit sanften Farben und einer Vielfalt von einander harmonisch ergänzenden Blattformen anstrebt. Gerade im Schatten können besonders gelungene Kompositionen von einer so außergewöhnlichen Qualität und Intensität der Ausstrahlung entstehen, dass selbst spektakuläre Sonnenlösungen in ihrer Wirkung übertroffen werden.

Diese Pflanzung für Halbschatten ist ausgeglichen und dennoch spannungsvoll; ursprünglich für lichten Schatten gedacht, ist sie jetzt durch das Wachstum der Pflanzen zur Halbschattensituation geworden. Hier handelt es sich um eine langlebige, robuste Pflanzenzusammenstellung, die nur wenig pflegebedürftig ist und lange ansehnlich wirkt.

Pflanzenauswahl und Gestaltung

Die Beschäftigung mit schattigen Bereichen löst oft Unsicherheit aus, welche Pflanzen für diesen Standort geeignet sind und mit welchen Partnern sie kombiniert werden können. Die in Baumschulen, Gartencentern und Staudengärtnereien unter der Rubrik »Schatten« angebotenen Pflanzen erleichtern die Auswahl. Die richtige Zusammenstellung muss man aber selbst vornehmen oder für die Entscheidung den Rat von Fachleuten suchen. Im Gegensatz zu der landläufigen Meinung, dass es für schattige Gartenplätze nur wenige geeignete Pflanzen gibt, ist die mittlerweile bereit stehende Palette so umfassend, dass sich für nahezu jede Situation eine ansprechende und zuverlässig wirksame Lösung finden lässt.
Ein wichtiger Schritt auf dem Weg zum erfolgreichen Umgang mit kleineren und größeren Schattenbereichen ist nach der prinzipiellen Akzeptanz die Analyse der Situation: Es gilt zunächst festzustellen, welche der eingangs unterschiedenen Schattentypen vorherrschen, wodurch sie ausgelöst werden – sei es durch Gebäude oder Gehölze – und welcher Bodentyp oder pH-Wert vorliegt. Neben Licht, Temperaturbedingungen, Feuchtigkeit und spezifischer Umgebung sind dies die Faktoren, die das Wachstum und Gedeihen einer Pflanze im Wesentlichen beeinflussen.
Dann gibt es noch andere Parameter, etwa das artspezifische Wuchsverhalten – langsam

Bei der Auswahl von Pflanzen sollte man sich zugunsten einer natürlichen Gesamtwirkung vorwiegend an schattenverträgliche, heimische Spezies halten, die durch Kultivare mit ähnlichen Ansprüchen ergänzt werden können, jedoch auf die Verwendung von Exoten möglichst verzichten.

wachsend oder wuchernd – woraus sich eventuell unerwünschte Konkurrenz ergeben kann oder das Bedürfnis mancher Pflanzen, sich durch Vergesellschaftung in ihrem Bestand zu stabilisieren.
Der wichtigste Faktor für die Entwicklung von Pflanzen ist zweifellos das Licht, das für die Fotosynthese benötigt wird. Die erforderliche Quantität ist vom jeweiligen Lebensbereich und der spezifischen Ausrüstung der Pflanzen abhängig. Im Garten kann Licht in bescheidenem Maß manipuliert oder seine Intensität durch Beschattungsmaßnahmen reduziert werden, aber es gibt doch Grenzen für die Überschreitung der naturgegebenen Standortbedingungen.
Obwohl viele Pflanzen sehr anpassungsfähig sind und ungünstige Bedingungen bis zu einem gewissen Grad kompensieren können, gedeihen sie besser unter Lichtverhältnissen, die ihrem natürlichen Standort entsprechen. Es gibt Pflanzen mit großer und geringer Bereitschaft, Abweichungen innerhalb ihrer spezifischen Ansprüche zu tolerieren. Sträucher haben im Gegensatz zu Stauden in der Regel einen weiteren Toleranzrahmen.
Jeder Gärtner wird im Lauf seiner Tätigkeit die schmerzliche Erfahrung machen müssen, dass bestimmte Pflanzen, nach denen er manchmal jahrelang gesucht hat, trotz intensiver Betreuung nicht überleben oder sich nur kümmerlich entwickeln. Dies ist ein Hinweis darauf, dass die Pflanze möglicherweise aus einem völlig anderen Lebensbereich stammt und an dem vorgesehenen Ort nicht gedeihen kann. Man sollte also bei der Pflanzung darauf achten, dass man sich für Spezies entscheidet, die für die vorgesehene Situation geeignet sind. Setzt man sich darüber hinweg, wird man dies mit erhöhtem Pflegeaufwand oder gar dem Verlust bezahlen müssen.
Standortgerechte Pflanzungen haben erfahrungsgemäß nicht nur mehr Erfolgschancen, sie sind auch mit deutlich weniger Arbeitsaufwand und Kosten verbunden. Dieses Konzept existiert schon wesentlich länger, als es durch die intensive Diskussion in der Fach- und Allgemeinpresse suggeriert wird. Schon in den 30er-Jahren gab es in den Niederlanden bei der Gestaltung öffentlicher Anlagen (den sog. »Heemparks«) Bestrebungen, ökologische und ästhetische Prinzipien zu verknüpfen. In Deutschland bereitete Karl Foerster durch seine Pionierarbeit den Weg für das von Richard Hansen und Hermann Müssel in den 50er-Jahren erarbeitete und mittlerweile weltweit verwendete Standort-Klassifizierungssystem, das die Stauden und später auch Gehölze bestimmten Lebensbereichen zuordnet. Beachtet man die standorttypischen Ansprüche sowie die Geselligkeits- und Ausbreitungstendenzen von Pflanzen, so kann dies zu verhältnismäßig stabilen und langlebigen Gemeinschaften führen. Mittlerweile gibt es in Deutschland sowohl in öffentlichen Parks (wie z.B. im Westpark in München, den Sichtungsgärten in Weihenstephan und Weinheim) wie auch in Privatgärten vorbildliche Beispiele für dieses Prinzip, das jahrzehntelang erfolgreich erprobt wurde und gut funktioniert.
Es ist empfehlenswert, sich durch die Besichtigung solcher Anlagen immer wieder anregen zu lassen und die gewonnenen Erkenntnisse auf die eigene Gartensituation abzustimmen.

Sträucher im Schatten

Sträucher dienen nicht nur der Raumbildung in Flächen, ergänzend haben sie Funktionen als Sonnen-, Wind-, Lärm- und Sichtschutz und als illusionistische Erweiterung beengter und kleiner Situationen. Da Sträuchern eine wachsende Bedeutung zukommt, sollte man bedenken, dass sie nicht isoliert, sondern mit Blick auf ihre Einbindung in ein mehrschichtiges Gesamtgefüge zu betrachten sind. Strauchgehölze erzeugen je nach Volumen und Eigenart unterschiedliche Schattenqualitäten, die sich in Abhängigkeit von der Jahreszeit und dem jeweiligen Strauchtyp vor allem auf die Unterpflanzungsebene auswirken. Sträucher unterliegen selbst einer mehr oder weniger ausgeprägten Beschattung, die durch höhere Bäume oder Gebäude hervorgerufen werden kann. Da viele Sträucher aus dem Bereich des Halbschattens stammen und diese Lichtverhältnisse Teil ihrer Entwicklungsgeschichte sind, gedeihen sie gut an lichtschattigen Standorten im Garten und entfalten dort vor allem in den Frühjahrsmonaten einen reichen Blütenflor.

Sträucher sind keine »kleinen« Bäume und werden diese auch nie ersetzen können, aber infolge der veränderten Grundstücksdimensionen bekommen sie vor allem in kleinen Gärten Baumfunktionen und bilden das prägende Grundgerüst räumlicher Strukturen.

Die Erscheinungsformen der schattenverträglichen Sträucher, die sich entweder frei entfalten können oder streng geschnitten werden, sind mannigfaltig und reichen von immergrünen, kugeligen Formen bis zu lichten, Laub abwerfenden, konstruktiv wirkenden, viel verzweigten und exzentrischen Skulpturen.
Abhängig vom spezifischen Charakter kann ihre Anordnung einzeln, in Gruppen oder in Reihen vorgenommen werden. Der zugewiesene Ort eines geeigneten Strauchs steht in jedem Fall in Wechselwirkung zwischen Raumbildung, spezieller Funktion, Summe der Eigenschaften übers Jahr und Proportion zu anschließenden formalen Entwicklungen.
Bei der Auswahl sind also verschiedene Parameter ihrer speziellen Entwicklung zu berücksichtigen und die Entscheidung ist als Ausdruck einer persönlichen Vorliebe wohl überlegt zu treffen, denn Fehlentscheidungen sind nur schwer zu korrigieren. Kommt es zur Entfernung nach mehreren Vegetationsperioden, bleiben empfindliche Lücken mit Auswirkungen auf die unterpflanzten Flächen zurück.
Mit Hilfe der Gehölze kann man sehr unterschiedliche Stimmungsbilder im Garten erzielen. So entsteht beispielsweise durch Verwendung unspektakulärer, heimischer Sträucher mit entsprechender Stauden- und Zwiebelunterpflanzung ein natürlich und vertraut anmutendes Vegetationsbild, wie es etwa in den Hecken am lichten Gehölzrand oder im lichtdurchlässigen Laubwald anzutreffen ist. Oder man entscheidet sich für ein besonderes Exemplar, das an einem sorgfältig gewählten Platz durch seine spezifische Gestalt das ganze Jahr über zur Wirkung kommt.
Für die Auswahl gilt: Sträucher, die durch extreme Wachstumsraten in Breite und Höhe die Ausgewogenheit der übrigen Pflanzung stören, sind zu meiden, denn sie verschieben das Verteilungsverhältnis von sonnigen Flächen eindeutig in Richtung Schatten.
Der Winteraspekt ist zumindest bei Laub abwerfenden Solitären im sonst ruhenden Garten nicht zu unterschätzen. In dieser Jahreszeit treten gefällige oder spektakuläre Wuchsstrukturen, Mehrstämmigkeit, dichtes, filigranes Astwerk, auffallende Rinde sowie Samen- oder Beerenschmuck besonders hervor. Will man das Winterbild farblich bereichern, so ist mit auffallenden Farbtönen von Rinden (z.B. leuchtend Gelb bei *Cornus stolonifera* 'Flaviramea' oder Scharlachrot bei *Cornus alba* 'Sibirica') oder bizarr geformtem Astwerk (etwa beim Korkenzieherhasel) sehr behutsam umzugehen. Diese Ausnahmen lassen sich gut an prägnanten Stellen als Pflanzenskulpturen integrieren, im Schatten aber sollte man davon absehen und den ruhigen Gesamtcharakter durch Anhäufung von Sonderformen nicht beeinträchtigen.
Gerade im Hinblick auf die laubarme Zeit ist ein gewisser Anteil an immergrünen Gehölzen wünschenswert, um auch dann nicht auf eine grüne Kulisse verzichten zu müssen. Eine Konzentration derartig pflegeleichter Spezies kann aber als monoton und düster empfunden werden. Es empfehlen sich eine lockere, sparsame Verteilung und eine Einrahmung mit Laub tragenden Sträuchern.
Bei der Aufteilung in sommer- und wintergrüne Sträucher muss beachtet werden, dass sich im Winter das optische Gewicht zugunsten der deutlich bis massiv wahrnehmbaren Immergrünen verschiebt. In dieser Jahreszeit erhalten dann unter Umständen Punkte oder Bereiche eine Bedeutung, die ihnen ursprünglich nicht zugedacht war.
Auch bei den Laubgehölzen gibt es im Winter Veränderungen der Perspektiven und Blickpunkte, die frühzeitig in Planungsüberlegungen einfließen müssen.
Angesichts des breiten Spektrums an schattenverträglichen Sträuchern ist die Beschränkung auf einige wenige Sorten empfehlenswert. Durch die Verwendung zurückhaltender, vor allem heimischer Gehölze, die als grüne Kulissen für Stauden und Geophyten, aber auch als Rahmen für Solitäre dienen, entstehen für beide Pflanzengruppen Voraussetzungen, unter denen sie ihre jeweils spezifischen Wirkungen optimal entfalten können.
Heimische Sträucher erfreuen sich wachsender Beliebtheit und werden sowohl in öffentlichen Grünzonen als auch in Privatgärten wegen ihrer vielfältigen Qualitäten häufiger verwendet. Sie zeichnen sich durch organischen Wuchs, große Robustheit sowie Pflegeleichtigkeit aus und verleihen dem Garten

ein natürliches Gepräge. Sie gedeihen vorwiegend am lichten Gehölzrand, manche auch in schattigeren Zonen unter Bäumen. Ihr Erscheinungsbild ist von bescheidener Schönheit und sorgt oft während des ganzen Jahres für überraschende Effekte. In Konkurrenz mit ihnen treten Ziersträucher stärker hervor, wobei sich die heimischen Gehölze natürlicher und vermittelnd in das Gesamtbild einfügen. Einige unter ihnen bilden zu Beginn des Frühjahrs einen weithin sichtbaren Blickfang, der sich dann deutlich von dem zumeist noch winterkahlen Astwerk der Umgebung abhebt, so beispielsweise die zarten gelb-grünen Blütentuffs der Kornelkirsche, *Cornus mas*, die an Mimosen erinnern, oder die weißen Blütenwolken der Schlehe, *Prunus spinosa*. Deren »Unart«, über große Flächen Ausläufer zu bilden und Schößlinge emporzuschicken, sollte man bei Verwendung in einem kleinen Garten mit einer Wurzelsperre bekämpfen.

Auch in der fortgeschrittenen Jahreszeit können Gehölze durch besondere Herbstfärbung und Beerenschmuck Beiträge zur Bereicherung des Gartenbildes leisten. So ist unter anderem auf die intensive Gelbfärbung von Kornelkirsche und Haselstrauch, die zahlreichen roten, kirsch-ähnlichen Beeren der Kornelkirsche, die blau-grau bereiften Früchte der Schlehe und auf die Hagebutten schattenverträglicher Wildrosen hinzuweisen. Man sollte die Sorten auch im Hinblick auf die Attraktivität ihrer Früchte gezielt auswählen, wie etwa die kleinen, leuchtend orangeroten Hagebutten der *Rosa multiflora*, die sich wie eine Liane in kleine Bäume und Sträucher schlingt. Allerdings werden sie wie viele andere Früchte auch bald nach der Reife von Vögeln dezimiert.

Vorrangig vor der dekorativen Wirkung von Pflanzen kann ihr Stellenwert als Nistplatz und Nahrungsquelle für Vögel sein: Eine ganze Reihe von Gehölzen sind wertvolle Vogelschutzpflanzen und hilfreich für die heimische Arterhaltung (z.B. *Euonymus europaeus*, Pfaffenhütchen).

Auch bei den schattenverträglichen Blütensträuchern gibt es viele gartenwürdige Spezies, die sich durch frühe Blüte, ansehnliche Gestalt oder prächtige Herbstfärbung auszeichnen, wie Zaubernuss oder durch duftende, weißrosa ballförmige Dolden im mittleren Frühjahr, fast immergrünes Laub, das sich leuchtend gelborange färbt bei zudem ansehnlicher Wuchsform wie bei *Viburnum* x *burkwoodii*. Kombiniert man heimische Sträucher und gärtnerische Ziersträucher auf einfühlsame Weise, lässt sich der spezifische Effekt beider Partner jeweils steigern. Sträucher können Gruppencharakter aufweisen, wie *Corylus avellana*, Haselnuss, oder einen eindeutigen Solitärcharakter haben, wie *Viburnum plicatum* 'Mariesii', dem ein herausgehobener Standort mit Bezug auf eine Blickachse gebührt.

Bei der Auswahl von Sträuchern für schattige Plätze sind folgende Gesichtspunkte zu beachten:

- Keine kleinen Bäume, sondern mehrstämmige ausladende Gehölze mit runder, kugeliger Form auswählen, deren Wuchsform sie eindeutig als Sträucher kennzeichnet.
- Gehölze, die aufgrund ihres neutralen Charakters vorwiegend in größeren Gruppen oder als so genanntes mobiles Grün eingesetzt werden, sind im Garten nur mit großer Zurückhaltung zu verwenden.
- Robuste, schattenverträgliche Spezies, die Tropfnässe, Wurzel- und Schneedruck gut ertragen, sollten bevorzugt werden.
- Immergrüne Spezies: Die Frostverträglichkeit begrenzt die Auswahl: Leider sind viele immergrüne Sträucher frostempfindlich. Neben den Koniferen kommt für die Verwendung in unseren klimatischen Verhältnissen nur eine kleine Anzahl in Frage.

Vorfrühling und Frühling sind wichtige Zeiten im schattigen Garten. Die Blütenpracht vieler Sträucher und Geophyten entschädigt für die spätere Ruhepause. Die Zaubernuss, hier *Hamamelis* x *intermedia* 'Pallida' (links), ist eines der Prachtbeispiele, aber auch bescheidene, heimische Sträucher wie Kornelkirsche sorgen für Farbe. In diese Gruppe gehört auch die Schlehe (rechts), die mit ihrem creme-weißen Blütenschaum den Gehölzrand bereichert.

Empfehlenswert sind unter anderen folgende Sorten:

- *Taxus* (Eibe), *Prunus laurocerasus* (Lorbeerkirsche), *Buxus* (Buchs), *Viburnum* x *burkwoodii* (Osterschneeball), *Viburnum rhytidophyllum* (runzeliger Schneeball), *Lonicera pileata* (Böschungsmyrte), *Ilex aquifolium* (Stechpalme) und Kletterpflanzen wie *Lonicera henryi* (immergrünes Geißblatt) und *Hedera helix* (Efeu).
- Das Verhältnis von Strauch- und Gartengröße ist aufeinander abzustimmen. Dabei ist unbedingt von der Größe des ausgewachsenen Strauches und nicht der Pflanzgröße auszugehen.
- Der Winteraspekt ist zu berücksichtigen: das Pflanzengerüst sollte in dieser Jahreszeit einen – wenn auch bescheideneren – Wert haben und das Winterbild bereichern.

Bei der Auswahl der Sorten sind die unterschiedlichen Wuchsformen zu beachten, die auf den Verwendungszweck Einfluss nehmen. Folgende Varianten lassen sich unterscheiden:

- Klein und flachwachsend: *Lonicera pileata*, Böschungsmyrte
- runde, kugelige Form: *Buxus*, Buchsbaum, *Liguster vulgare* 'Lodense', Zwergliguster
- waagerecht: *Cornus controversa*, Etagen-Hartriegel, *Viburnum plicatum*, gefüllter Japanischer Schneeball
- aufrecht: *Hydrangea sargentiana*, Samt-Hortensie.

Neben der Wuchsform spielt auch die Laubfarbe bei Sträuchern eine wichtige Rolle. Zur Aufhellung dunkler Gartenteile sind helllaubige und panaschierte Gehölze gut geeignet. Allerdings sollte man diese Farbtupfer äußerst sparsam verwenden, da jede Massierung künstlich wirkt.
Ebenso behutsam ist der Umgang mit hervorstechenden, grellen Farben wie Rot oder Orange zu gestalten. Bei Unsicherheit sollte eher auf gedämpftere oder Pastelltöne zurückgegriffen werden, die sich besser integrieren lassen.
Bei der Anordnung der Gehölze, die für den Gesamteindruck von entscheidender Bedeutung ist, gilt es einige Prinzipien zu beachten: Die Gehölze sollten in einem bestimmten Rhythmus verteilt sein, der Spannung erzeugt und wieder auflöst, eventuell Durchblicke verschafft, Blicksperren einbaut, um Überraschungen bereitzuhalten. Die Höhe sollte variiert werden, damit Blickverbindungen zu dahinter liegenden Gartenteilen, besonderen Pflanzen, Kombinationen oder auch Objekten möglich sind. Die endgültige Höhe und das Breitenwachstum müssen in die Überlegungen eingehen.
Für Sträucher gelten folgende Anordnungsprinzipien: entweder sollte man sie als Solitär in einer sonst eher zurückhaltenden Umgebung oder locker versetzt in Dreier- oder Fünfergruppen platzieren. Die Abstände sollten groß genug sein, um ihre Entwicklung nicht zu behindern.
Bei der Verteilung ist auf die Höhenstaffelung zu achten, die sich an der endgültigen Größe zu orientieren hat. Kleine Sträucher setzt man in den Vordergrund, mittelgroße ins Mittelfeld und große in den Hintergrund als letzte Kulissenwand.
Eine Ansammlung unterschiedlicher Spezies ist unbedingt zu vermeiden. Verwendet man gärtnerische Sträucher, so wirken sie am besten, wenn sie von neutralen Gehölzen eingerahmt sind. Bei der Auswahl muss man natürlich auch darauf achten, dass – wenigstens bei einer gewissen Anzahl – Wuchsform und Beastung eine Unterpflanzung mit Stauden erlauben, das heißt, die Äste sollten nicht bis auf den Boden reichen. Bei flach wurzelnden Gehölzen wie der Felsenbirne sollten in kleinen Gärten Wurzelsperren eingerichtet werden, damit für Stauden- und

Zwiebelpflanzen genügend Lebensraum verbleibt.
Im reifen Garten werden unter den Gehölzen die Pflanzflächen immer weiter reduziert und somit die Auswahl der verwendbaren Stauden im gleichen Verhältnis eingeschränkt, bis nur noch wenige, besonders schattenverträgliche Arten überleben. Wenn man diese Einschränkung nicht dauerhaft akzeptieren möchte, besteht die Möglichkeit, durch »Aufasten« (das heißt Entfernen der unteren Astetage, was allerdings den harmonischen Gesamteindruck beeinträchtigen kann), oder durch radikales Zurückschneiden bis fast auf Bodenebene (sog. »Auf-den-Stock-Setzen«) wieder Lichtschneisen zu erzeugen. Dieser Verjüngungsschnitt lässt sich sowohl bei einigen robusten Bäumen als auch bei bestimmten Sträuchern (unter anderem Ahorn, Erle, Hainbuche, Haselnuss, Holunder), die unten verkahlt sind, anwenden, um das Wachstum neuer Triebe aus dem Wurzelstock anzuregen. Man wählt diese Verjüngungsmethode, wenn man kein neues Gehölz pflanzen möchte und noch genügend Vitalität im Wurzelsystem vorhanden ist. Es dauert unterschiedlich lange, bis wieder eine gefällige Gestalt aufgebaut ist. In der Regel bewirkt diese Maßnahme jedoch ein wesentlich rascheres Wachstum, als dies bei einem neu gepflanzten Gehölz der Fall ist. Das Verfahren lässt sich mehrmals durchführen, bis die Wuchskraft erschöpft ist, der alte Stock zu unansehnlich wird oder zu faulen beginnt. Vor allem in einem alten Garten mit großen Schattenarealen schafft man durch solche Verjüngungsschnitte wieder Lebensbedingungen für Stauden, die im lichten Gehölzschatten gedeihen.
Dies ist dann wieder eine ähnliche Situation wie in einem jungen Garten, allerdings mit dem Unterschied, dass das mittlerweile dichte Wurzelgeflecht nicht mehr allzu viel Raum für die Pflanzung größerer Stauden bietet.

Sträucher liefern den Hintergrund, die Kulisse und den Schutz, aber auch periodisch erwünschten Schatten für Stauden und Zwiebelpflanzungen. Erst in der Kombination mit Gehölzen, erst durch die Bezogenheit aufeinander, entfaltet sich die Wirkung beider Pflanzengruppen vorteilhaft und spannend.

Die herausgehobene Bedeutung von Sträuchern für die Gartenkomposition zeigt sich nach dem letzten Herbststurm, der die Gehölzstrukturen freilegt und das statische Gerüst unverdeckt dem Auge präsentiert. Ob ein Gartenentwurf wirklich geglückt ist, wird jetzt klar erkennbar.

Rechte Seite: Hortensien werden fälschlicherweise häufig nur als kurzlebige, gewöhnliche Topfpflanzen eingestuft. Dass einige Arten von außergewöhnlichem Reiz und hervorragend für Garten und Innenhof geeignet sind (und keineswegs in ausschließlich saurem Boden gedeihen), ist nur wenig bekannt. Neben den großblumigen, ballförmigen Varianten rechts gibt es einige Arten, die sich hervorragend in den Schattengarten einfügen, ohne zu künstlich zu erscheinen. Beide Formen von *Hydrangea aspera* (Fell- und Samthortensie) mit ihren tellerförmigen Blüten können als Solitär oder in Gruppen gepflanzt werden. Sie sind kalkverträglich und bieten im Winter mit ihren bizarren Ästen und getrockneten Blütenständen einen Ikebana-artigen Anblick. Weitere empfehlenswerte Sorten sind *Hydrangea paniculata* und *Hydrangea arborescens* 'Grandiflora'.

Rechts: Obwohl *Skimmia japonica* bedingt winterhart ist, kann sie in windgeschützen Standorten ein wertvoller Halbschattenstrauch sein.

Die kompakte Form mit leicht glänzenden Blättern, roten Beeren wie auch die unaufdringliche Erscheinung machen sie zu einer verträglichen Pflanze.

Fruchtstände gehören zum Erlebniswert des Strauchs. Im Halbschatten nehmen sie eine besondere Rolle ein, da sie wie Leuchten wirken und sich in den Vordergrund schieben. Erstaunlicherweise liefern heimische Sträucher wie Pfaffenhütchen rechts und Schlehe links einige der schönsten Fruchtstände. Auch die Schneebeere entschädigt für ihren wenig schönen Habitus und ihr struppiges Winterbild mit weißen Beeren.

Rhododendren

Rhododendren erfreuen sich großer Beliebtheit und es gibt in der überwältigenden Fülle von Arten und Sorten durchaus gartenwürdige Exemplare, die sich durch häufig immergrünes, glänzendes Blattwerk, gefälligen Wuchs und üppige, farbenfrohe Blütenpracht auszeichnen. Es sind allerdings diese kräftigen Töne, die die Kombination mit anderen blühenden Pflanzen erschweren, und die oft ungenügende Winterhärte in kontinentalen Klimaverhältnissen, die zu Vorbehalten Anlass geben. Darüber hinaus neigen sie bei zusagenden Bedingungen auf Kosten weniger ausbreitungsfreudiger Nachbarn zu hemmungslosem Wuchern, bei unpassendem Standort zum Verkümmern.

Ihr Naturstandort ist unter hohen, bevorzugt tief wurzelnden Bäumen, die Schutz gegen direkte Sonneneinstrahlung und austrocknende Winde bieten, für ausgeglichene Luftfeuchtigkeit sorgen und ihnen eine willkommene Mulchschicht aus Nadeln oder Blättern liefern. Sie bevorzugen einen lockeren, humushaltigen Boden, der genügend feucht sein sollte, wohingegen Kalk- oder Lehmböden für sie ungeeignet sind. Sie vertragen keine Wurzelkonkurrenz und sollten daher in einem gewissen Abstand zu flach wurzelnden Bäumen gesetzt und auch nur mit schwach zehrenden Stauden unterpflanzt werden. Ihre volle Wirkung entfalten sie am besten, wenn sie in einem weiträumigen Park oder Waldgarten in größeren Gruppen als

mittelhohe Kulisse vor Kiefern, Eichen, Erlen oder auch Lärchen stehen und sich auf eine Farbe beschränken. Da sie weder tiefen Schatten noch starke Besonnung vertragen, sind im Garten ausreichend feuchte Plätze im Schutz von Gebäuden, Mauern und Zäunen ebenfalls geeignete Standorte.
Züchterische Arbeit hat in den letzten Jahrzehnten zur Entwicklung neuer Sorten geführt, die unter anderem höhere pH-Werte, mehr Sonne, ungünstigere Bodenverhältnisse sowie tiefere Wintertemperaturen tolerieren. Ein weiteres Ergebnis dieser züchterischen Bemühungen sind kompakt bleibende Sorten mit hellen Pastelltönen, die für kleinere Gärten besser geeignet sind und sich mit dem zurückhaltenden Farbkanon der anderen Schattenpflanzen harmonischer verbinden. Dem Wunsch nach diesen spektakulären Sträuchern, deren geballte Wirkung in englischen Rhododendron-Parks bewundert, aber nicht auf unsere Klimabedingungen übertragen werden kann, muss die genaue Klärung der Randbedingungen und des Standorts vorausgehen. Fehlentscheidungen sind sehr teuer und es empfiehlt sich, Rat bei Experten in Baumschulen zu holen.
Man unterscheidet drei Gruppen von Rhododendren, die jeweils wieder verschiedene Untergruppen bilden: Immergrüne Rhododendren, sommergrüne und wintergrüne Azaleen.

Rhododendren sind zwar sehr beliebt aber nicht immer das geeignete Gehölz im Garten. Die Ansprüche an Bodentyp und Feuchtigkeit grenzen ihren Einsatz erheblich ein. Die prachtvollen Exemplare, bekannt aus britischen Waldgärten, sind schwer nach Deutschland zu verpflanzen. Wer aber der Attraktion von Rhododendren nicht widerstehen kann, dem ist besser geraten, ein kleines Exemplar, beispielsweise die abgebildete 'Percy Wiseman' im Topf zu pflanzen.

Hier eine kleine Auswahl empfehlenswerter Sorten:

Immergrüne Rhododendren:
'Cunningham's White' (großblumige Hybride), weiß, frühblühend, breit aufrechter Wuchs, 4 x 5 m, toleriert höhere pH-Werte. Für größere Gärten.
'Ehrengold' (großblumige Hybride), hellgelbe Blüte, mittelfrüh, breit aufrechter Wuchs, bis 2,5 m.
'Praecox' (kleinblumige Hybride), lila-rosa, frühblühend, aromatischer Duft, aufrechter, lockerer Wuchs, 1,5 bis 2 m, toleriert höhere pH-Werte. Auch für kleinere Gärten.

Sommergrüne Azaleen:
'Persil' (Knap Hill-Hybride), weiß mit gelbem Fleck, mittelfrüh, breit aufrechter Wuchs, 1,5 bis 1,8 m.
Rhododendron schlippenbachii (Wildart), rosa, frühblühend, breit aufrecht, 1,5 bis 2 m, schöne Herbstfärbung; verträgt auch sonnigere und etwas trockenere Standorte.
'Nancy Waterer' (Genter Hybride), goldgelb, mittelfrüh, breit aufrecht, bis 3 m.

Wintergrüne Azaleen:
'Schneeglanz' (Japanische Azalee), reinweiß, mittelfrüh, breit aufrechter Wuchs, 0,7 bis 1,2 m.
'Multiflorum' (Japanische Azalee), lilarosa, mittelfrüh, zwergiger Wuchs, 30 cm. Auch für Trogbepflanzung.

Die Blüten der Schattenpflanzen, die teilweise einen betörenden Duft verströmen, wirken zart, sind aber oft von erstaunlicher Robustheit, die sie auch späte Kälteeinbrüche überstehen lassen.

Stauden im Schatten

Staudenpflanzungen bilden in der räumlichen Hierarchie die bodennahe Ebene. Da sie zusammen mit den Gehölzen das Erscheinungsbild eines Gartens nachhaltig prägen, sollten sie von Anfang an in die Gestaltung einbezogen und auf die unmittelbare Umgebung sorgfältig abgestimmt werden. Dies gilt besonders für schattige Beetbereiche, die meist an Gehölze gebunden sind und vor dieser Kulisse ihre besondere Wirkung entfalten. Hier ist das Reich unterschiedlichster Pflanzengestalten, deren Grüntöne in vielen Abstufungen auftreten und vor dem farblich reduzierten und homogenen Hintergrund von besonderer Ausstrahlung sind. Die durch geringere Belichtung erzeugten Lebensbedingungen im Schatten bestimmen Entwicklungsabläufe, den Habitus der Pflanzen und die Dominanz einzelner Pflanzenelemente.
Um die Vielfalt an Informationen über Schattenstauden überschaubar zu bündeln, sollen hier nur einige grundsätzliche Aspekte untersucht und als knappe Empfehlungen weitergegeben werden.
Im Garten kann es je nach Größe und Situation unterschiedlich ausgedehnte, beschattete Flächen geben: von einer kleinen Pflanznische am Fuß eines Gehölzes über einen herausgehobenen Platz für eine beherrschende Solitärpflanze oder eine Gruppe von sorgfältig aufeinander abgestimmten Stauden bis hin zu größeren Flächen zwischen oder vor Gehölzen oder schattigen Bereichen am Haus oder einer Mauer.
Wenn auch die Auswirkungen des Schattens die Pflanzenvielfalt begrenzt, so steht doch ein überraschend großes Spektrum für die Gestaltung schattiger Bereiche im Garten zur Verfügung. Die Reize dieser Pflanzen sind subtil und erschließen sich erst nach und nach. Wenn man ihnen Standorte zukommen lässt, die ihren Ansprüchen gerecht werden, sie mit Partnern kombiniert, deren Wuchsverhalten und Geselligkeitsbedarf ihnen entspricht, dann lassen sich langlebige Pflanzengemeinschaften von hohem ästhetischem Reiz erzielen.
Die Lebensbedingungen von Schattenstauden werden bestimmt durch den Fortschritt der Blattentwicklung beschattender Gehölze: Die Entwicklung bei einem Großteil der Stauden muss abgeschlossen sein, bevor die Laubdecke darüber dicht geworden ist.
Der lichte Schatten an Gehölzrändern bietet einem breiten Spektrum von Pflanzen gute Lebensbedingungen. Etwas eingeschränkter sind dagegen die Möglichkeiten im Halbschatten. Die schwierigsten Bedingungen herrschen im Vollschatten, ob unter Bäumen oder im Schlagschatten von Gebäuden oder einer geschnittenen, immergrünen Hecke. An derartigen Plätzen muss man entweder auf Überlebenskünstler wie einige Farne, Gräser, Immergrün oder Efeu zurückgreifen oder auf Bepflanzung ganz verzichten.
Die Blütezeit und damit der Höhepunkt von Schattenstauden liegen zwischen zeitigem Frühjahr bis zum Frühsommer. In dieser Periode dominiert die Farbwirkung, während anschließend die grünen Elemente die Führung übernehmen.
Der Planung von Staudenpflanzungen in schattigen Gartenbereichen sollte unter anderem die Klärung der Rahmenbedingungen und der persönlichen Ziele vorausgehen. Hierbei sind folgende Gesichtspunkte maßgebend:

- Abstimmung auf den durch die Gehölze vorgegebenen Rahmen
- Maßstäbliche Einfügung in die unmittelbare Nachbarschaft
- Definition des Erscheinungsbildes
- Sortierung der Blühfolgen und
- Festlegung der individuellen Höhepunkte.

Da die Art des verwendeten Pflanzenmaterials (ob kurz- oder langlebig, empfindlich oder robust, heimisch oder züchterisch bearbeitet), die Pflanzengesellschaften sowie deren Wuchsverhalten Auswirkungen auf den späteren Pflegeaufwand haben, sind die Intentionen mit den persönlichen Möglichkeiten abzugleichen.
Die Tendenz der neuen Gartengestaltung, deren Anliegen die Schaffung natürlicher Vegetationsbilder ist, kommt Schattenstaudenpflanzungen sehr entgegen. Auf der Basis verfeinerter Standortkenntnisse werden heimische Wildstauden mit passenden Kultivaren kombiniert und durch natürlich wirkende Pflanzen wie Gräser, Farne und so genannte Selbstaussäer ergänzt, die den Pflan-

Eine impressionistisch wirkende Verbindung von zwei Halbschattenstauden (*Ligularia* und *Cimicifuga*), mit unterschiedlich geformten Blütenkerzen. Diese aufrecht wachsenden Stauden sind sowohl einzeln wie auch in kleineren Gruppen im mittleren und hinteren Bereich effektvoll einzusetzen. Die weißen und gelben Kerzen wirken aufgrund der Blütenform und -farbe am besten aus der Entfernung.

Unten:
Ein natürlich wirkender, von Jahr zu Jahr größer werdender Teppich aus Geophyten, die gut verwildern können – ob Schneeglöckchen bzw. Frühlingsknotenblumen, Buschwindröschen oder Hasenglöckchen – und im Schatten unverzichtbar sind, da sie in der kahlen Jahreszeit für Farbtupfer sorgen. Frühling ist die Teppichblütenzeit im Schattengarten.

zenteppich in unregelmäßigen Verteilungsmustern wie ein roter Faden durchwirken. Die großzügige Einstreuung von Geophyten sowie von das winterliche Gartenbild bereichernden Pflanzen mit auffallenden Frucht- oder Samenständen, die durch Raureif und Schneekristalle eine letzte Metamorphose erfahren, führt schließlich zu einer Gesamtkomposition mit hoher natürlicher Ausstrahlung.
Bei der Auswahl der Stauden, die den besonderen Charakter von schattigen Zonen unterstreichen sollen, empfiehlt es sich, folgende Richtlinien zu beachten:

- Robuste, bewährte, langlebige Pflanzen wählen (darunter ein größerer Anteil heimischer Wildstauden, die keiner besonderen Pflegemaßnahmen bedürfen), wie beispielsweise Wald-Geißbart, Silberkerze, Christrose, Funkie, Elfenblume, Kaukasus-Vergissmeinnicht, Frauenmantel.
- Diese Stauden als Grundstock verwenden und mit geeigneten Kultivaren ergänzen.
- Pflanzen mit lang anhaltendem Aspekt sollten auch im Hinblick auf zusätzliche Attraktionen in der kühlen Jahreszeit in gewissem Anteil vertreten sein.
- Zur Bereicherung des Winterbildes immergrüne Pflanzen einbeziehen.
- Natürlich wirkende Pflanzengruppen wie Gräser, Farne und Selbstaussäer einfügen.
- Pflanzen mit langer oder zweiter Blütezeit bevorzugen.
- Wenn erwünscht, in bescheidenem Maße seltenere oder auch etwas empfindlichere Pflanzen an ausgewählten Standorten platzieren.

Die Besonderheiten der Schattenstauden, die sich vor allem durch ihr Blattwerk auszeichnen und deshalb auch häufig Blattschmuckstauden genannt werden, sollten als konstruktiver Bestandteil verwendet werden. Als wichtige Komponenten sind hier neben Blattformen, -strukturen, -texturen sowie -oberflächen auch die vielfältigen Grünabstufungen anzuführen. Darüber hinaus nehmen auch Pflanzengestalten sowie Wuchsformen Einfluss auf das Erscheinungsbild. Schattenstauden zeichnen sich häufig durch helle Blüten aus, die insbesondere vor einer ruhigen Gehölzkulisse und in der Dämmerung von hoher Leuchtkraft sind. Kräftige Farben findet man vor allem bei den Geophyten, die im zeitigen Frühjahr für besondere Farbakzente sorgen.

Zu den wichtigsten, robusten, langlebigen und unentbehrlichen Charakterstauden des schattigen Gartens gehören die sowohl durch ihr wintergrünes Blattwerk als auch die frühe Blüte bestechenden *Helleborus*, Christrosen, von denen es zahlreiche Arten und Sorten gibt. Sie wirken sowohl als Einzelpflanze wie auch in großen Mengen, hier *Helleborus-Hybride* 'Atrorubens'.

Unten:
Die niedrige Form der Herzblume *(Dicentra formosa)* ist in kleinen Gruppen oder wie hier als Bodendecker in Polsterform verwendet eher ungewöhnlich, und wirkt sowohl durch ihr filigranes, zartes Laub wie auch die liebenswerten Herzblüten lange ansehnlich und bildet einen reizvollen Kontrast zu dem von Flechten überzogenen Birkenstamm.

Die Übergänge zwischen den verschiedenen Bereichen müssen harmonisch sein und ineinander überleiten. Bei der Betrachtung sollte man das Gefühl haben, dass die Pflanzen hier auch spontan wachsen würden, jede Art von Künstlichkeit ist fehl am Platz.

Bei Pflanzungen mit naturhaftem Charakter sollte immer ablesbar sein, dass hier eine gestalterische Hand tätig ist.

Zur Erzielung eines natürlichen Eindrucks hat es sich bewährt, vor allem die verwilderungsfähigen Zwiebeln mit lockerer Hand in größeren Pulks unregelmäßig zu verteilen.

Bei der Anlage eines schattigen Bereichs sollte das gewählte Hauptthema auf Leitstauden gestützt und durch Gruppen- und Begleitpflanzen in Form von Nebenthemen verstärkt werden.
Manche Pflanzen haben eindeutigen Solitärcharakter wie zum Beispiel Silberkerze oder Wald-Geißbart und wirken am besten in Einzelstellung; andere lassen sich gut in kleineren Gruppen anordnen wie zum Beispiel *Astrantia maior*, Sterndolde. Eine weitere Gruppe eignet sich zur Anordnung in größerer Zahl oder flächigen Verwendung wie etwa Frauenmantel oder Elfenblume. Die Einfügung von Geophyten, die nach der Pflanzung der Stauden erfolgt, sollte sorgfältig geplant und im Hinblick auf den Gesamteindruck mit den benachbarten Pflanzen gut abgestimmt werden. Da sie meist nach der Blüte einziehen, sind insbesondere bei kleinen Zwiebeln Korrekturen schwierig. Das Stadium des Verwelkens sollte durch das Blattwerk von Begleitstauden verdeckt werden. Auch bei Geophyten empfiehlt es sich, möglichst auf Vielfalt in kleiner Stückzahl zu verzichten und stattdessen wenige, bevorzugt verwilderungsfähige und zudem pflegeleichte Sorten in großer Anzahl zu verwenden (z. B. Blausternchen, Buschwindröschen, Frühlingsknotenblume). Dies gilt auch für kleine Gärten, die von großzügigem Pflanzeneinsatz besonders profitieren. Dann können auch einige ausgesuchte Raritäten an einem herausgehobenen Platz ihre Wirkung voll entfalten.

Spektakuläre Effekte sind auch mit heimischen Wildpflanzen wie hier *Arum maculatum*, einer Knollenpflanze, zu erzielen, dessen an *Calla* erinnernde Blütenscheide später roten Beeren weicht. Grüne Blüten sind von subtiler, zurückhaltender Schönheit, bedürfen aber einer gewissen Gewöhnung. Diese Pflanze transportiert eine Art Wildromantik in den Garten, sie ist sehr robust, neigt allerdings zum Wuchern.

Die Gestaltung halb- und vollschattiger Gartenbereiche sollte sich auf folgende Grundsätze stützen:

- Durch disziplinierte Sortenbeschränkung in großzügigen Einheiten und mit Rücksicht auf den Gesamteindruck arbeiten.
- Für Höhepunkte einen ruhigen Hintergrund oder eine Unterlage schaffen, vor denen diese umso stärker wirken können.
- Die Stauden sind in einem gewissen Rhythmus zu verteilen: Konzentrationen oder Verdichtungen sollten wieder in ruhigere Zonen übergehen.
- Durch den wiederholten Einsatz bestimmter Stauden in unterschiedlicher Zusammensetzung und Stückzahl lässt sich eine Strukturierung von Staudenflächen erreichen.
- Setzt man Bodendecker ein, empfiehlt es sich, nicht zu viele flächig bepflanzte Areale nebeneinander zu platzieren, da im Fall eines notwendigen Rückschnitts zu große Bereiche unansehnlich werden.
- Bei der Verwendung unterschiedlicher Pflanzengruppen in einer Höhe sind Verschleifungen, Driften oder Bögen anzuraten, um harmonische Übergänge zu schaffen.
- Die Qualität von Blattformen und eine auf Kontrastwirkung unterschiedlicher Umrissformen abzielende Abwechslung sollten bei der Zusammenstellung der Pflanzen im Mittelpunkt stehen.
- Durch die Verbindung verschiedener Wuchsrichtungen (sei es aufrecht, breit lagernd, rundlich oder zugespitzt, horizontal oder vertikal) lassen sich Spannungen erzeugen, die durch den harmonischen Gesamteindruck wieder aufgelöst werden: typisch in der Kombination *Luzula nivea*, Schneemarbel (Betonung der Vertikalen, lanzettförmig zugespitzte Blattform) und *Asarum europaeum*, Haselwurz (flach lagernd bei runden, herzförmigen Blättern).
- Für dauerhafte Elemente in schattigen Staudenpflanzungen sorgen auch immergrüne Stauden, die zum Teil schon früh im Jahr durch reichen Blütenflor bezaubern *(Helleborus, Euphorbia, Bergenia, Vinca)* und

Die hier abgebildete Staude gehört zu den seltenen Schattenpflanzen; sie bezaubert durch ihr schönes, platanenähnliches Laub und eine außergewöhnliche, wachsartige gelbe Blüte, die schon im Knospenstadium von besonderem Reiz ist und der Pflanze den Namen gegeben hat: *Kirengeshoma palmata,* Wachsglocke.

zudem durch ihr attraktives Laubwerk hervorstechen.
Die besondere Qualität von gelungenen Schattenstaudenpflanzungen zeigt sich wie bei den Gehölzen in Übergangszeiten, in denen vor allem die Pflanzenskulpturen, das abgestufte Grün des einfühlsam aufeinander abgestimmten Blattwerks von Pflanzengruppierungen zur Wirkung kommen, sowie in der fortgeschrittenen Jahreszeit, in der auffällige Herbstfärbung, Fruchtschmuck oder Samenstände für neue Akzente sorgen. Die Entwicklung einer Schattenpflanzung dauert länger und muss aufgrund der notwendigen Berücksichtigung zahlreicher Parameter sorgfältiger geplant werden als eine Beetpflanzung in sonnigen Bereichen. Die hiermit verbundenen Anforderungen sollte man nicht unterschätzen. Bei umsichtigem Vorgehen und elastischem Reagieren auf unvorhergesehene Entwicklungen ist es aber sicher möglich, ein rund ums Jahr ansprechendes, natürliches Bild zu erzeugen.
Die folgenden Gestaltungsbeispiele zeigen individuelle Lösungen in unterschiedlichen Größen, Schattenabstufungen und Schwierigkeitsgraden.

Zu den Kostbarkeiten unter den Schattenpflanzen gehören die zarten gelben Blütenglocken der seltenen *Uvularia grandiflora,* die ähnlich wie die lilienartig zurückgebogenen, gelben Blüten von *Erythronium hybr.* 'Pagoda' besonders gut in Kombination mit der blaublütigen *Brunnera macrophylla* wirken – eine klassische Kombination von hoher Leuchtkraft.

Einzelne ausgefallene Zwiebelgewächse wirken besonders, wenn sie über grünem Unter- oder Hintergrund stehen – hier die farbintensive lilienblütige Tulpe 'Marietta', die einen reizvollen Kontrast zu den gelbgrünen Hostablättern bildet.

Eine harmonische beispielhafte Staudenkomposition: Straußfarn, *Luzula sylvatica, Uvularia grandiflora, Brunnera macrophylla* und *Euphorbia var. robbiae*.

Eine Staudenpflanzung im Schatten

Der Sondersituation des Beets, das vor einem landschaftlichen Hintergrund von starker Ausstrahlung steht, wird durch großzügige ruhige Bepflanzung entsprochen.

Die Neugestaltung eines Gartens in nahezu unberührter Landschaft, die selbst Maßstäbe setzt, ist eine gleichermaßen schwierige wie reizvolle Aufgabe. Der Bau eines Hauses sowie der wachsende Schattendruck durch den dichten Gehölzsaum des Grundstücks waren Anlässe, ein neues Gartenkonzept zu entwickeln. Eines der Hauptanliegen war dabei, den alten Baumbestand durch entsprechende Anbindung als grundstücksübergreifenden Teil der umgebenden Auenlandschaft kenntlich zu machen und durch gezielte Auslichtungsmaßnahmen Ausblicke zu öffnen, sowie den Garten auf seine ursprünglichen Bewuchselemente zurückzuführen. Mit Hilfe der Pflanzung ortstypischer Gehölze wie Erlen, Eichen und Buchen wurden neue, auf die Umgebung bezogene Gartenräume und zugleich Blickachsen geschaffen. Aus der Verzahnung des alten Bestandes mit den Gehölzergänzungen entstand ein lockeres, entlang der Grundstücksgrenzen geführtes Band mit unterschiedlichen Schattenzonen, die den Bedingungen eines sehr differenzierten Waldrandes entsprechen. In der Grundstücksmitte wurde dem Haus, umgeben von einer neutralen Wiesenfläche, das sonnigste Areal zugewiesen, während die Staudenpflanzungen sich aufgrund ihrer Einbindung in den Gehölzgürtel mit überwiegend schattigen Flächen in allen Abstufungen begnügen mußten.
Das anfängliche Gartenkonzept, in dem die Gestaltung dieser Zonen eine eher untergeordnete Bedeutung hatte, veränderte sich im

Oben:
Frühling ist ein Höhepunkt im Schattengarten. Hier eine teppichartige Bepflanzung mit Lerchensporn und Buschwindröschen in spielenden Farben.

Unten:
Der Mulchweg ist zwar von untergeordneter Bedeutung – dennoch teilt er die Pflanzflächen in bestimmter Weise und legt eine mäandernde Spur in den grünen Teppich.

Lauf der Zeit mit dem Wachstum der Gehölze und den hieraus resultienden Korrekturnotwendigkeiten ganz erheblich.
Die gärtnerischen Ambitionen wurden durch eine Reihe von ortstypischen Faktoren eingeengt, die aus der Topografie (raue Höhenlage im Voralpenland), den teilweise ungünstigen Bodenqualitäten (von schwerem Lehm bzw. See-Ton bis Kies) mit wechselnden Feuchtigkeitsabstufungen, aber vor allem dem weitreichenden Wurzelsystem der vorhandenen Bäume und schließlich den ungehinderten Zuwanderungsmöglichkeiten für viele Schädlinge resultierten.
Nach jahrelanger Auseinandersetzung mit den schwierigen Grundstücksbedingungen kam es allmählich zur Selektion eines robusten, überlebensfähigen Pflanzenrepertoires, das sich sowohl aus heimischen wie auch züchterisch bearbeiteten Spezien zusammensetzt. Zudem durften diese wegen der Ausmaße des Geländes, temporärer Abwesenheit und einem vernünftigen Umgang mit den eigenen Kräftereserven keine großen Anforderungen an Pflegemaßnahmen stellen.
Vor der Entscheidung für bestimmte Pflanzen muss – wie hier geschehen – ein umfassendes Konzept erstellt werden, das die persönliche Ausrichtung festlegt. In diesem Garten fiel die Entscheidung zugunsten einer Abfolge von unterschiedlich beschatteten Staudenbeeten.
Gestützt auf eigene Sondierungen der Boden-, Feuchtigkeits- und Lichtverhältnisse setzte zunächst eine Experimentierphase ein, die von Rückschlägen, aber auch wertvollen Lernprozessen begleitet war. Allmählich kristallisierte sich als Schwerpunkt der Intentionen folgendes Ziel heraus: die Einrichtung natürlich wirkender, dauerhafter und zugleich pflegeleichter Pflanzengemeinschaften, die sich gegenseitig vernetzen, dabei aber offen bleiben für erwünschte, spontane »Einwanderer«. Durch das Komponieren mit Pflanzengestalten, Blattformen, Blattstrukturen und Grüntönen entstanden allmählich in den verschiedenen Schattenzonen des Gartens eindrucksvolle, wenn auch zurückhaltende Vegetationsbilder, deren Wirkung sich nicht auf Frühjahr oder Sommer beschränkt.
So differenziert die Anforderungen im vorliegenden Fall auch sein mögen, die Erfahrungen, die aus der Bepflanzung unterschiedlicher Schattenplätze resultieren, sind grundsätzlicher Art und damit auch auf andere Verhältnisse übertragbar.

Da sich die Folgen aus korrigierenden Eingriffen, die den empfindlichen Entwicklungsprozess einer Staudenpflanzung in schattigen Bereichen in der gewünschten Richtung steuern, erst in der jeweils nächsten Vegetationsperiode zeigen, kann diese kontrollierende Begleitung einige Jahre in Anspruch nehmen.

Die Staudenbeete

Die Formensprache der Umgebung und der Charakter der Vegetation stellten Vorgaben zur Verfügung, die bei der Anlage der Staudenbeete als Leitlinien dienten. Durch einen kreativen Umgang mit diesen natürlichen Gestaltungselementen entstanden großräumige, selbstverständlich wirkende Lösungen, die keine Imitate der Natur sein wollen, sondern sich durch Einsatz formaler Mittel, wie zum Beispiel Einfügung von Bändern aus gleichartigen Pflanzen (Wolfsmilch, Elfenblume, Frauenmantel usw.) oder massierter Verwendung einer einzigen Pflanzenart, aber auch durch bestimmte dynamische Komponenten wie Überhöhung oder hügelartige Anordnung von der unmittelbaren Umgebung absetzen.
Die Gestaltung der Beete, die alle im Gehölzbereich angelegt sind und ihren Höhepunkt vom Frühjahr bis zum Frühsommer haben, erfolgte auf der Grundlage eines

Auch bei Vorliegen eines Plans, der mit der natürlichen Entwicklung und den hierbei gewonnen Erfahrungen laufend abgeglichen werden sollte, lassen sich Enttäuschungen, aber auch bereichernde Zufallsentwicklungen nicht ausschließen. Dies gehört zum Gartenerlebnis, besonders im Schattengarten.

übergreifenden Konzepts mit Schwerpunkten für jeden Einzelbereich. Die Gesamtheit der Flächen wirkt bei aller Differenziertheit einheitlich, was vor allem ein Ergebnis der großzügigen, maßstabsgerechten Pflanzenverwendung ist. Da die Staudenbeete sowohl aus der »Loge« des überdachten Hausumgangs als auch aus der Nähe erfasst werden, waren Pflanzenauswahl und -gruppierung den jeweiligen Blickausschnitten anzugleichen.
Als Reaktion auf die eindrucksvolle Kulisse der Umgebung entstand hier durch die Beschränkung auf ein kleines, sehr differenziertes und auf die örtlichen Bedingungen abgestimmtes Pflanzensortiment, das in jeweils unterschiedlichen Zusammenstellungen eingesetzt wird, eine Staudenkomposition in grünen Tönen und sanften Farben. Der mittlerweile relativ geringe Pflegeaufwand ist ein willkommenes Ergebnis der gezielten Pflanzenauswahl und -verwendung.

Pflanzenauswahl

Es sollten überwiegend robuste, pflegeleichte, langlebige, natürlich wirkende Stauden (heimische und im Charakter dazu passende Kultivare) von lange anhaltender Attraktivität sein. Natürlich war eine große Bandbreite expressiver Blattformen (wie z. B. Christrose, Funkie, Mondviole), aber auch unterschiedlicher Blattstrukturen und -oberflächen sowie der Pflanzengestalten ebenso erwünscht wie eine breite Palette der Grünabstufungen. Neben Blütenfarben und -formen spielte auch die Dauer der Blütezeit eine Rolle. Dem Herbst- und Winteraspekt, das heißt der Herbstfärbung wie auch den überdauernden Pflanzenbeiträgen in Form von Immergrünen, Beeren und Samenständen wurde besonderes Augenmerk geschenkt.
Da kurzlebige, zweijährige, aber auch manche Pflanzen mit längerer Lebensdauer durch reichliche Selbstaussaat für jährlich sich verändernde Einsprenkelungen sorgen und damit zur natürlichen Wirkung beitragen, wurden sie von Anfang an begünstigt (z. B. *Aquilegia vulgaris*, Akelei, *Astrantia maior*, Sterndolde, *Digitalis purpurea*, Fingerhut, *Meconopsis cambrica*, Wald-Scheinmohn).
Bei den Geophyten fiel die Wahl vor allem auf Sorten, die gut verwildern können und zum Teil schon lange zum Bestand des Grundstücks gehören, und ähnlich wie die Selbstaussäer als Einwanderer in alle Flächen verwoben sind (wie zum Beispiel *Anemone nemorosa*, Buschwindröschen, *Eranthis hiemalis*, Winterling, *Galanthus nivalis*, Schneeglöckchen, *Leucojum vernum*, Frühlingsknotenblume, *Corydalis cava*, Hohler Lerchensporn, *Hyacinthoides non-scripta*, Hasenglöckchen, Narzissen sowie einige Besonderheiten, die entgegen sonstiger Gepflogenheiten aufgrund ihrer spezifischen Bedeutung für die jeweilige Farbkomposition bei Verlust immer wieder nachgepflanzt werden).
Mit wenigen Ausnahmen wurden gängige Stauden, Gräser, Farne und Geophyten gewählt, die in gut sortierten Staudengärtnereien oder Versandbetrieben für Geophyten erhältlich sind. Es gibt einen gemeinsamen Grundstock von Pflanzen, die aufgrund ihrer besonderen Qualitäten in allen Beeten verwendet werden. Diese werden durch ein kleineres Pflanzensortiment ergänzt, das für jeden Beetbereich charakteristisch ist und diesem eine individuelle Ausstrahlung verleiht.

Oben:
Hier wird der Schlagschatten vorteilhaft eingesetzt und durch weißblühende Stauden *(Aruncus dioicus)* noch verstärkt. Im Randbereich betont eine imposante *Carex pendula* das naturhafte Element der Pflanzung.
Unten:
Es genügen ein paar Farbtupfer *(Allium aflatunese* 'Purple Sensation'*)* in mittlerer Höhe, um aus der Entfernung gut wahrnehmbar zu sein.

Schemaskizze eines Ausschnittes des Inselbeets mit Darstellung der Verteilung der Leit- und Begleitstauden.

Aa Aconitum x arendsii
Ae Asarum europaeum
Cd Cimicifuga dahurica
Da Dryopteris affinis
Ea Euphorbia amygdaloides var. robbiae
Ep Epimedium x perralchicum 'Frohnleiten'
Lr Lunaria rediviva
Pa Persicaria amplexicaule
Ph Polygonatum Hybr. 'dunkler Sämling'

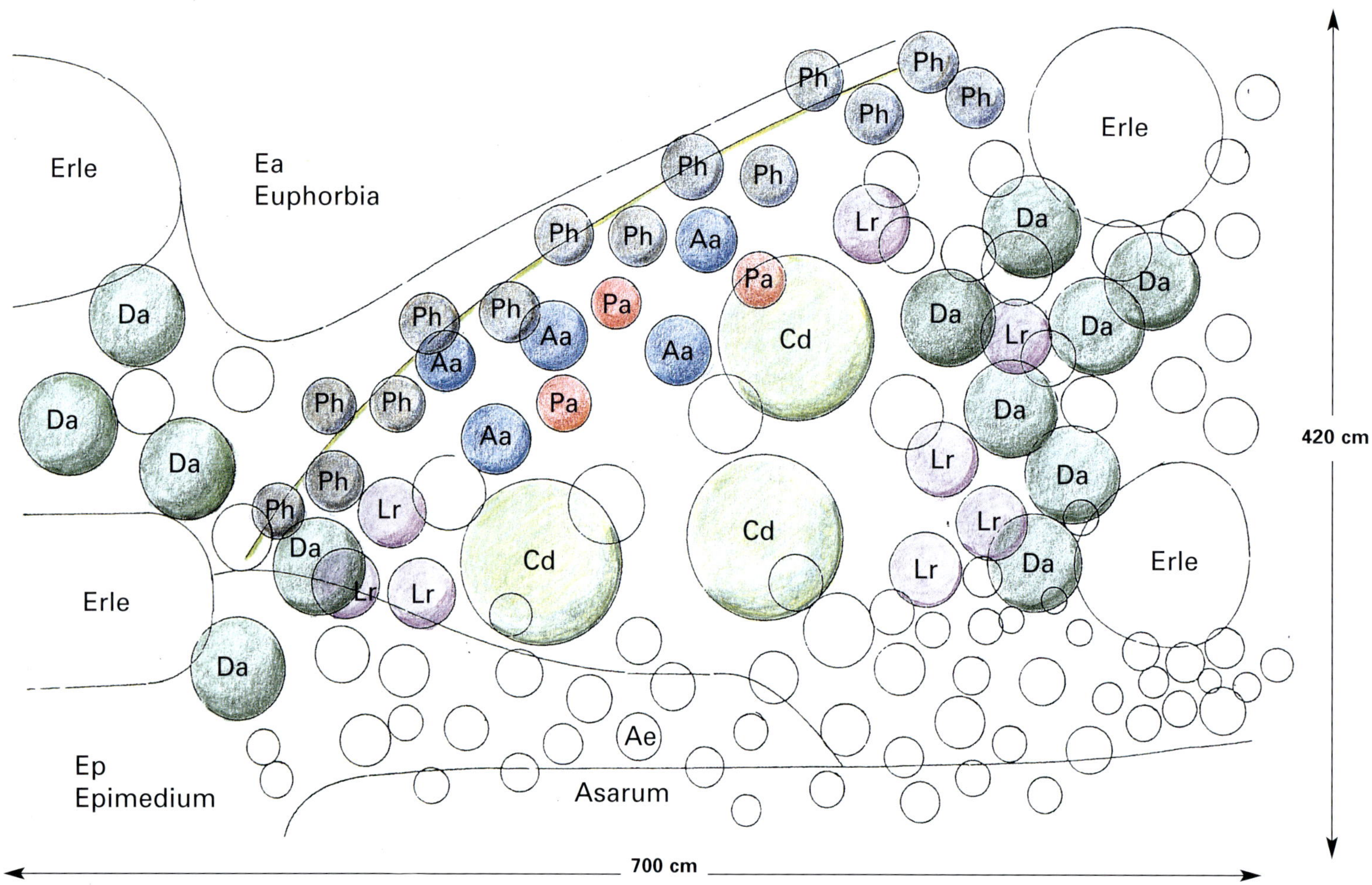

Auch wenn es sich hier vielleicht dem Umfang und der Lage nach um eine Sondersituation handelt, sind die Erfahrungen, die aus der Bepflanzung unterschiedlichster Schattenplätze resultieren, prinzipiell unabhängig von Situation und Größe und auf jeden Garten übertragbar.

Pflanzen aus dem Inselbeet:

Oben: *Polygonatum-Hybr.* dunkler Sämling mit *Lunaria rediviva* und *Narcissus* 'Actaea. Mitte: eine Nahaufnahme von *Lunaria rediviva*. Unten: *Persicaria amplexicaule*.

Ein Inselbeet im Halbschatten
(siehe Pflanzplan, S. 76)

Innerhalb aller benachbarten Schattenpflanzungen nimmt dieses Beet eine Sonderstellung ein. Von den anderen Bereichen unterscheidet es sich durch seine Form und Größe: Während diese meist schmal und lang sind, ist das Inselbeet nahezu kreisförmig. Zur Gartenmitte hin wird es von der zentralen Wiese abgelöst, im Hintergrund durch einen Wirtschaftsweg begrenzt. Es hat weder eine eindeutige Richtung noch bevorzugte Seiten, ist allseitig begeh- und einsehbar. Der übergeordnete Charakter ist landschaftlich, die unmittelbare Umgebung lässt aber eine gärtnerische Gestaltung zu, die zwischen den Dimensionen Garten und Landschaft vermittelt.
Das über 100 Quadratmeter große Beet ist zwischen vier mächtige, mehrstämmige Erlen eingespannt und auf diese dominierenden Elemente bezogen. Obwohl die Laubdecke der großen Bäume das Beet während der ersten Tageshälfte weitgehend beschattet, sind die Schattenabstufungen doch unterschiedlich. Da die Erlen hoch aufgeastet sind und ihr Blattwerk nicht sehr dicht ist, gelangt ausreichend Licht auch in die Tiefe der Pflanzung. Sieht man von den einrahmenden Gehölzen ab, so handelt es sich bei dem Inselbeet um eine reine Staudenpflanzung, die das Thema »Gehölzrandbepflanzung« variiert.
Die Randbepflanzung erstreckt sich von der Wiesenkante beziehungsweise dem Mulchweg in einer Tiefe von 0,50 bis 3,00 Metern und greift bestimmte Themen der pflanzlichen Umgebung auf, um diese dann zu variieren.
Der lehmige Boden ist im Frühjahr bis zur vollen Blattentfaltung von normaler Feuchtigkeit, um mit fortschreitender Jahreszeit immer trockener, aber auch schattiger zu werden.
Die Gestaltung des Inselbeetes folgt einem großzügigen Entwurf, dem eine dynamische Komponente eingefügt ist. Als Leitstauden fungieren drei *Cimicifuga dahurica*, Kandelaber-Silberkerzen, die durch ihre Anordnung raumbildend wirken und einen dreieckigen Platz einschließen. Ihnen sind als weitere Gerüststauden *Aconitum* x *arendsii*, Eisenhut, und *Persicaria amplexicaule*, Kerzenknöterich beigeordnet, die zusammen mit *Hesperis matronalis*, Nachtviole und *Lunaria rediviva*, Mondviole den zentralen Platz ausfüllen. Die Anbindung der Pflanzung an die Gehölze übernehmen auf beiden Seiten mächtige Farngruppen *(Dryopteris affinis*, Goldschuppenfarn*)*, die in einer gewissen Distanz die Erlenstämme umspielen. In der Beetmitte schwingt sich in einer weichen Wellenbewegung, die von der linken Erlengruppe zur rechten verläuft, ein Band, das aus einer größeren Anzahl von *Polygonatum*, *Geranium sylvaticum* 'Mayflower', Waldstorchschnabel und verschiedenen Zwiebeln *(Narcissus* 'Actaea, weißen lilienblütigen Tulpen und *Allium aflatunense* 'Purple Sensation'*)* besteht. Diese,

Auch im Herbst wirkt diese Fläche immer noch attraktiv, ein Beispiel für Stauden mit lang anhaltender Wirkung: *Epimedium* 'Frohnleiten', *Euphorbia var. robbiae, Polygonatum-Hybr.* dunkler Sämling und *Dryopteris affinis.*

vor allem im Frühjahr durch die Farbzusammenstellung (Violett-Grün-Weiß) hervortretende Linie soll die größeren Stauden von der Fläche der niedrigeren *Euphorbia amygdaloides* var. *robbiae*, Wolfsmilch, im Vordergrund trennen.

Die Höhenentwicklung verläuft von allen vier Seiten des Beetes zur Mitte hin gleichsam wie eine kleine Kuppe ansteigend, um in Richtung des Mulchweges abzufallen, worin sie durch den natürlichen Bodenverlauf unterstützt wird.

Die Randbepflanzung des Beetes besteht aus verschiedenen, ineinander übergehenden, immergrünen Pflanzenbändern, die unterschiedlich tief in die Beetfläche hineinreichen und durch locker eingestreute Selbstaussäer sowie Gräser und Geophyten bereichert werden.

Nach vielen, auch fehlgeschlagenen Versuchen wurde das ursprüngliche Staudenkonzept auf die Sorten reduziert, die mit den teilweise erschwerten Bedingungen zurechtkommen und miteinander ein dauerhaftes Gefüge bilden können.

Die Farbpalette wird im Frühjahr, dem Höhepunkt des Beetes, durch helle Töne (Weiß, Gelb, Lila, Zartblau) eröffnet, denen aber zur Erzielung eines Kontrastes oder zur Vertiefung eines in hellerer Abstufung auftretenden Pigments auch kräftige Farben beigesellt werden.

Im Sommer dominieren die subtil abgestuften Grüntöne, die durch teilweise lackartige Glanzeffekte der Blattoberflächen unterstrichen werden. Im Spätsommer setzt ein lange wirksamer weiß-rot-blauer Dreiklang noch einmal farbige Akzente, die allmählich von der matt-gelben und bräunlichen Herbstfärbung sowie silbrigen Samenständen abgelöst werden.

Das Gras unterstreicht durch die einseitige Neigung der Blattspreiten und seine Tendenz, ins Licht zu wachsen, die dynamische Form des Keils, der sich in den Mulchweg schiebt – ein nicht vorhergesehener, aber hoch willkommener Effekt. Im Winter verblasst die Grasfläche ins Strohgelbe – ein starker farblicher und formaler Kontrast zur anschließenden Epimedium-Fläche.

Ein Mulchweg hat im Vergleich zu einem befestigten Weg immer eine etwas verschwommenere Kontur, denn die begleitenden Stauden haben die Tendenz, in die freie Fläche hineinzuwachsen. Um die Wegkante einigermaßen definiert zu halten und die Stauden am Rand einzudämmen, wurde als pflanzliche Barriere auf beiden Seiten ein niedriger Streifen Asarum gepflanzt. Der wüchsige Bodendecker Japan-Waldgras unterstreicht die Keilform.

Eine wegbegleitende Staudenpflanzung im Streuschatten

In unmittelbarer Nähe des Inselbeetes liegt, abgetrennt durch einen Mulchweg, im Kronenbereich von hohen Erlen ein Areal, das für eine Staudenbepflanzung im Streuschatten ausgewählt wurde. Trotz der Beschattung durch zwei Laubetagen gelangt genügend Licht auf den humosen, lehmigen Boden, der das ganze Jahr über ausreichend feucht ist. Aufgrund dieser Voraussetzung eignet sich der Standort vor allem für Farne und Gräser, die hier reichlich Verwendung finden, aber auch für robuste heimische Stauden.
Als Übergangsbereich zwischen Inselbeet und freier Landschaft hat es die Aufgabe, zwischen diesen Polen zu vermitteln. Der besondere Charakter der Seeauenlandschaft jenseits der Grundstücksgrenze, aber auch die spezifische Geometrie der keilförmigen Fläche waren bei der Bepflanzung zu berücksichtigen. Da hier drei Teilbereiche aufeinandertreffen, die durch Wege voneinander getrennt sind, lag es nahe, eine Lösung zu wählen, die die Trennungsfunktion des dreieckigen Beetes verdeutlicht. Der Schilfgürtel der nahen Uferrandzone regte zu flächiger Bepflanzung mit einem unspektakulären, lange wirksamen Gras, *Hakonechloa macra*, Japan-Waldgras, an. Der hintere Bereich des Beetes im Anschluss an die Grasfläche leitet durch die konzentrierte Verwendung naturhaft wirkender Pflanzen wie Farne (Straußfarn, Hirschzungenfarn, *Dryopteris affinis*, Goldschuppenfarn) und Gräser (Wald-Hainsimse, Riesen-Waldsegge), sowie einiger tektonisch wirkender Gerüststauden (Silberkerze, Wald-Geißbart, Wald-Glockenblume) und deren delikate Begleiter organisch in die Landschaft über. Es ist eine großzügige, pflegeleichte Pflanzung mit ruhiger Ausstrahlung, in der vor allem die Grüntöne und abwechslungsreichen Blattstrukturen dominieren. Farbige Akzente setzen im Frühjahr neben einigen Besonderheiten (beispielsweise Hängegoldglocke) vor allem die weißen, rosa und blauen Blütenteppiche der heimischen Geophyten (Frühlingsknotenblume, Buschwindröschen, Lerchensporn, Hasenglöckchen), in die sich zahlreiche Selbstaussäer wie Akelei und Wald-Scheinmohn eingewebt haben und lange Zeit für dezente Farbtupfer sorgen.

Oben:
Nur im Herbst ist die Linsenform völlig zu erkennen.

Unten:
So sollte eine Schattenpflanzung sein: eine ruhige selbstverständliche Kombination. (Im Vordergrund *Epimedium* und *Phyllitis scolopendrium* und im Hintergrund *Chelone obliqua* und *Lunaria.)*

Eine Staudenpflanzung für verschiedene Schattenstufen

Im Gegensatz zu den anderen Staudenbeeten, die in Übereinstimmung mit dem übergeordneten Gestaltungskonzept in eine reife Gehölzsituation integriert wurden, entstand dieses Beet als Reaktion auf die Grundeigenschaft jedes Gartens, die Schattenzonen mit dem Wachstum auszudehnen. Die mit der Gehölzkontur zunächst parallel verlaufende Kante, die die große Wiese von den Pflanzflächen trennt, wurde wegen kräftig wachsender Buchenäste in den Wiesenbereich vorgezogen, formal aber in den größeren Zusammenhang des Gesamtverlaufs eingefügt. Der ursprünglich parallele Pflanzstreifen hat auf diese Weise eine Linsenform angenommen, die durch jährlich maßvollen Rückschnitt der Gehölze annähernd erhalten werden kann. Das Beet hat als einzige Pflanzung Morgensonne und weist in seinem Verlauf vom lichten Vordergrund bis in die Tiefe geradezu beispielhaft alle Schattenstufen auf. Der verdichtete Boden aus lehmartigem See-Ton engt das Pflanzensortiment auf eine kleine, besonders robuste Auswahl ein. Als Folge gewachsener Bedingungen entstand eine einseitig betretbare Pflanzfläche für Stauden, die neben anderen Qualitäten insbesondere eine deutliche Fernwirkung haben sollten.

Die Höhenentwicklung der Gehölzkulisse, aber auch der linsenförmige Grundriss des Beetes legten eine hügelartige Bepflanzung nahe, die nach vorne und den beiden Seiten abfällt und ihren Scheitelpunkt in Beetmitte hat. Diese dynamisch wirksame Anordnung dient auch dazu, unerwünschte Kahlstellen im Hintergrund zu überdecken, die sich aufgrund fehlenden Gehölzbestandes jenseits des Zauns deutlich gegen den Vollschatten abhoben. Kriterien für die Pflanzenauswahl waren unter anderem kontrastreiche Blattformen, möglichst lange Blütezeiten und deutlich wahrnehmbare Beiträge zum Winterbild. Im Vordergrund dominieren mit flächig gepflanztem Epimedium und regelmäßig eingestreutem Hirschzungenfarn zwei wintergrüne Stauden, die der Pflanzung Kontinuität verleihen. Daran schließen sich hufeisenförmig gepflanzte Mondviolen, aus denen als Leitstauden drei Wald-Glockenblumen und als herbstliche Höhepunkte eine Gruppe von *Chelone obliqua*, Rote Schildblume aufragen. Wie auch in den anderen Beeten sind zur Vermeidung formaler Strenge Selbstaussäer und heimische Geophyten (Buschwindröschen) eingestreut, die im Frühjahr den Boden in ein weißes Blütenmeer verwandeln. Das Farbkonzept stimmt weitgehend mit dem der übrigen Beete überein; hier dominiert neben Zartblau, Gelb, Weiß und Mittelblau vor allem Dunkelrosa. Nach und nach entstand eine dauerhafte, ausgewogene Pflanzenkomposition aus sommer- und wintergrünen Stauden, bei der die gärtnerische Hand hinter einer naturnahen Selbstverständlichkeit nahezu unsichtbar geworden ist.

Farne – unverzichtbare Pflanzen für schattige Bereiche

Bei aller Künstlichkeit hat dieser Farngarten eine natürliche Ausstrahlung: Raritäten sitzen neben heimischen Arten, die Regeln der Höhenstaffelung und Integration von Beiwerk wurden beachtet.

Rechte Seite: Der Farnaustrieb ist fast das schönste Stadium der jährlichen Farnentwicklung. Der Ansatz der aufgerollten Wedel wird bereits im Vorjahr ausgebildet.

Farne sind aufgrund ihrer besonderen Qualitäten ein unverzichtbarer Bestandteil des schattigen Gartens. Sie verkörpern wie kaum eine andere Pflanze die natürliche Schönheit des Waldes und verhelfen durch ihren ruhigen Farbton den beigesellten Pflanzen zu besonderer Wirkung. Sie bringen zwar keine Blüten hervor, bezaubern aber durch die dekorative Eleganz ihrer Wedel, stellen thematische Überleitungen zwischen verschiedenen Pflanzungen her oder trennen sie voneinander. Die Erscheinungsformen sind vielfältig – vom winzigen Mauerfugenfarn bis zum mannshohen Baumfarn – und dies macht sie zu attraktiven Partnern für viele Pflanzen des Schattengartens. Ihre spezifische Eignung resultiert einerseits aus der ornamentalen Qualität der Einzelpflanze, andererseits auch aus der Eigenschaft, im Verband mit anderen neutralisierend zurückzutreten und einen entsprechenden Bildhintergrund oder Rahmen abzugeben.
Farne bieten sich für die Unterpflanzung von Bäumen an, für die Kombination mit Sträuchern, Stauden und Geophyten. Bestimmte Arten lassen sich als Bodendecker (z.B. *Matteuccia struthiopteris*, Straußfarn) einsetzen, weniger wüchsige Farne entfalten ihre Wirkung am besten in kleinen Gruppen und ganz besonders erlesene Exemplare stehen bevorzugt als Solitäre (z.B. *Athyrium niponicum* 'Metallicum', Regenbogenfarn). Sie ziehen durch das Schauspiel der Wedelentfaltung im Frühjahr bis zur teilweise kräftigen Herbstfärbung oder gar standhaften Beibehaltung der ledrig grünen Wedel einiger Spezies bis in den Winter hinein die Blicke auf sich. Wenn man ihre spezifischen Ansprüche berücksichtigt, sind sie ausgesprochen pflegeleicht und können sehr alt werden.
Der natürliche Standort der meisten Farne ist im lichten Gehölzschatten, und zwar im Wald und am Waldrand, an schattigen Bachläufen, am Fuß von Hecken, in den Spalten von Felsen, Trockenmauern wie auch an allen anderen Mauerarten, sowie an Keller-

Von allen Pflanzen verkörpert der Farn durch das spannungsvolle Aufrollen der noch lichtgrünen Wedel, die innerhalb weniger Tage mit einer imponierenden Urgewalt in die Höhe schießen, am meisten die Dynamik des Wachstums.

treppen. Sie lieben hohe Boden- und Luftfeuchtigkeit, einen lockeren, humosen, nährstoffreichen Boden und einen windgeschützten Standort. Farne bevorzugen zwar schattige Plätze, bei genügend Luft- und Bodenfeuchtigkeit ertragen sie auch etwas mehr Sonne. Ähnlich wie Funkien bekommen sie allerdings bei zu starker Sonneneinstrahlung schnell braune Blätter. Mit wenigen Ausnahmen (z.B. Hirschzungenfarn, und *Asplenium ruta-muraria*, Mauerraute, die kalkliebend sind), gedeihen Farne eher in sauren Böden.
Von anderen Stauden unterscheiden sich Farne neben ihrer Blütenlosigkeit auch dadurch, dass sie keine Blätter, sondern Wedel haben, die durch braune oder schwarze Blattspreiten geteilt werden; an dieser Mittelrippe sitzen die Fiederblättchen, die unterschiedlich oft eingeschnitten sind. Nach dem Grad ihrer Fiederung sind die Wedel zu unterscheiden:

- ungefiedert *(Phyllitis scolopendrium*, Hirschzungenfarn)
- einfach gefiedert *(Asplenium trichomanes*, Braunstieliger Streifenfarn, *Blechnum spicant*, Rippenfarn)
- doppelt oder zweifach gefiedert *(Osmunda regalis*, Königsfarn, *Dryopteris erythrosora*, Rotschleierfarn)
- dreifach gefiedert (*Adiantum venustum*, Himalaja-Venusfarn)

Je höher die Ausprägung der Fiederung, desto zarter wirkt die Pflanze. Die Wedel der Farne reagieren oft empfindlich auf austrocknenden Wind sowie auf unsanfte Berührung, wodurch sie leicht abknicken können. Auch längere Trockenheit nehmen sie meist übel und behalten die unschönen äußeren Merkmale der Erschlaffung selbst nach intensiver Wässerung bis zum Ende des Gartenjahres bei. Hier hilft nur das Abschneiden der Wedel.
Farne nehmen auch durch ihre Fortpflanzungsweise eine Sonderstellung ein. Im Gegensatz zu anderen Pflanzen vermehren sie sich nicht durch Samen, sondern Sporen, die an der Unterseite der Wedel in eigenen Behältnissen – oft farblich davon abweichend und in besonderen Verteilungsmustern angebracht – oder in Sporenwedeln sitzen. Aus den reifen Sporen entstehen über eine Entwicklungszwischenstufe (das sog. Prothallium, das die Fortpflanzungsorgane trägt) neue Farnpflanzen. Farne vermehren sich im Allgemeinen außer durch Sporen auch durch Ausläufer (z.B. Straußfarn) oder durch Brutknospen *(Polystichum setiferum*, Weicher Schildfarn).
Der Wuchs der Farne ist trichterförmig oder horstig; sie treten flächendeckend, in Gruppen oder auch einzeln auf. Manche neigen über ihre Wurzeln sehr zum Wuchern und bedürfen nach einigen Jahren regelmäßiger Teilung, damit sie nicht überhand nehmen (Straußfarn oder *Onoclea sensibilis*, Perlfarn); andere haben langsam kriechende Rhizome und bilden Horste *(Adiantum pedatum*, Hufeisenfarn).
Farne sind ausgesprochene Blattschmuckstauden und wirken nicht nur durch ihre Gestalt zierend, sondern auch durch Form, Farbe und Textur ihrer Wedel. Die differenzierten Grüntöne von Hell- bis Dunkelgrün, verstärkt durch den Glanzgrad der Wedeloberfläche (z.B. bei Hirschzungenfarn), tragen zur ästhetischen Besonderheit der Farne bei. Ein weiteres Merkmal ist der zurückhaltende, herb-frische Duft, der an Wald erinnert.
Bei der Auswahl von Farnen ist zwischen winter- und sommergrünen Farnen zu unterscheiden. Zu den bekanntesten wintergrünen Farnen gehören *Dryopteris affinis*, Goldschuppenfarn und Hirschzungenfarn, zu den sommergrünen *Athyrium filix-femina*, Frauenfarn und Straußfarn.
Um sich vor der endgültigen Auswahl zu vergewissern, in welche Gruppe der ausgewählte Farn gehört, empfiehlt es sich, die Liste im Anhang oder eines der angeführten Fachbücher zu konsultieren.

Farne ins richtige Licht setzen

Auch wenn der gestalterische Wert der Farne allmählich ins Bewusstsein rückt, fristet die Waldpflanze doch im Allgemeinen noch ein buchstäbliches »Schattendasein«. Sie wird allzu häufig nur als Lückenbüßer oder als robuste Lösung für schwierigste Standorte eingesetzt, an denen sonst nichts gedeihen will. Dass ihr diese Statistenrolle im Garten keineswegs immer zugedacht war, zeigt ein Blick in die Geschichte ihrer Verwendung in

Großbritannien. Als man das Geheimnis der Farnfortpflanzung gelüftet hatte, brach im viktorianischen England ein regelrechtes Farnfieber aus. Es gehörte zum guten Ton, zunächst in kleinen Glaskästen, später in kunstvoll verzierten Vitrinen exotische und heimische Farne im Haus zu kultivieren. Durch züchterische Bemühungen entstand ein Sortiment von über 1000 Kultivaren, unter denen vor allem die in Großbritannien natürlich vorkommenden Farne einen bevorzugten Platz hatten und unter Farnliebhabern zu hoch begehrten Prestigeobjekten zählten. In den englischen Gärten des ausgehenden 19. Jahrhunderts fand diese Sammelleidenschaft ihren ganz spezifischen Niederschlag. Losgelöst von ihrer natürlichen Umgebung und zusammenhanglos präsentierte man die Farne wie in einer Ausstellung als Rarität mit je einer Pflanze pro Kultivar in einem vorgegebenen Rahmen. Als Hinterlassenschaft dieser Modeerscheinung, die zu Beginn des 20. Jahrhunderts wieder abzuklingen begann, verfügt England im Vergleich zum europäischen Kontinent über ein wesentlich reichhaltigeres Farnsortiment, auch wenn dies nur noch ein Bruchteil des ursprünglichen Bestandes ist.

Selbst heute noch, fast hundert Jahre später, wird der Farngarten mit dieser künstlichen Form assoziiert. Auch die Pionierarbeit, die Karl Foerster mit seinem Buch *Einzug der Gräser und Farne im Garten* leistete, konnte dieses Vorurteil nicht vollkommen tilgen. Wer Farne verwendet, nimmt sie häufig als Verlegenheitslösung, ohne sich dessen bewusst zu sein, dass es ein ungeheures Spektrum an gartenwürdigen Spezies und Kultivaren gibt. Allerdings bahnt sich seit den 80er-Jahren, als der Gartenwert von Blattschmuckstauden wie Hosta und Gräsern erkannt wurde, eine neue Sicht der Farnverwendung an. An dem mittlerweile breiten Farnsortiment gut bestückter Staudengärtnereien kann man das wachsende Interesse ablesen.

Oben links:
Oft genügt eine einzelne, kostbar wirkende Pflanze wie *Athyrium niponicum* 'Metallicum', um ein ganzes Beet zu bereichern.

Oben rechts:
Straußfarn eignet sich gut für eine flächendeckende Pflanzung. Diese ruhige, grüne Kulisse verhilft eingestreuten Tulpen oder anderen farbintensiven Geophyten wie *Allium* sp. zu einem starken Auftritt.

Unten links:
Der Grad der Fiederung gibt *Adiantum venustum* eine filigrane und zierliche Erscheinung; gerade deswegen gehören solche Spezies in den Vordergrund gestellt.

Unten rechts:
Eines der einfachsten, aber trotzdem erfolgreichsten Pflanzrezepte für den Schatten ist jenes, Farne wie hier Wurmfarn aus bodenbedeckendem Efeu herausragen zu lassen.

Anlage eines Farngartens

Die Kunst im Umgang mit Farnen liegt in der »Inszenierung« einer natürlichen Umgebung im angelegten Garten. Dazu gehören der passende Rahmen und die entsprechende Begleitung – sei es pflanzlicher oder gebauter Art (Stein, Holz u.a.). Aus dem großen Spektrum der Farne gibt es fast für jeden Standort im Schatten eine speziell geeignete Pflanze. Der einzige Farn, der auf Grund seiner ungeheuren Wuchsfreudigkeit in kleineren Gärten nicht verwendet werden sollte, ist *Pteridium aquilinum*, Adlerfarn. Hat er einmal in geeignetem Boden Fuß gefasst, ist seine Ausbreitung kaum mehr zu kontrollieren.

Gleichgültig ob man sich für die Anlage eines reinen Farngartens, eines Teilbereichs im Garten oder für Farne als begleitendes Element entscheidet, müssen einige grundsätzliche Gesichtspunkte berücksichtigt werden:

- Beachtung des natürlichen Standortes (d.h. Licht, Bodenbeschaffenheit und Feuchtigkeit)
- eine naturnah wirkende Pflanzenkombination
- Höhenstaffelung: kleine, zierliche oder besondere Farne vorne, große tektonisch wirkende Farne hinten
- Beachtung der geologischen Zusammenhänge des Beiwerks (wie z.B. Stein- oder Felsmaterial).

Farne sind nicht nur vielseitig verwendbar, sie können auch sehr unterschiedlich platziert werden. Sie lassen sich – wie beispielsweise Straußfarn – als Solitär, in Dreier- bis Fünfergruppen oder als Bodendecker einsetzen. Nur wenige größere Farne (*Matteuccia pennsylvanica*, Amerikanischer Straußfarn und *Osmunda regalis*, Königsfarn) sind vorzugsweise solitär zu pflanzen. Bei der Verteilung von Gruppen empfiehlt sich ein lockerer Dreiecksverband.

Die Einbindung eines Farngartens in einen reifen Garten erfordert eine andere Vorgehensweise als in einem neuen Garten. Zuerst müssen nach sorgfältiger Überprüfung die geeigneten Standorte für Farne gefunden werden. Prinzipiell sollte ausreichend, jedoch kein tiefer Schatten vorhanden sein, vor allem Schutz vor der Mittagssonne. In manchen Fällen ist es erforderlich, Gehölze auszulichten und bei tief beasteten Bäumen die untersten Äste zu entfernen, da sie nicht bis zum Boden reichen sollen. Allerdings verträgt nicht jeder Baum (z.B. Buchen) Grabungen im Wurzelbereich.

Wenn in einem neu anzulegenden Garten nicht schon Schatten durch Bauten oder Nachbarbepflanzung vorhanden ist, muss er durch entsprechende Gehölzpflanzungen erst geschaffen werden. Bei der Auswahl von Bäumen und Sträuchern sind passende Spezies zu wählen – möglichst keine Koniferen, weil mit wenigen Ausnahmen (z.B. Rippenfarn) Farne hier im Allgemeinen nicht die zusagenden Wachstumsbedingungen vorfinden.

Farne nie aus Naturbeständen entnehmen – viele unter ihnen sind geschützt!

Farne kommen besser zur Geltung, wenn man die Beete leicht erhöht oder mit einer leichten Neigung versieht. Zu bevorzugen sind nordausgerichtete Standorte, vor allem dort, wo der Boden nicht zu schnell austrocknet. Die Einzelbeete sollten eine geschwungene Form haben und nicht tiefer als fünf Meter sein. Stützmauern, in deren Fugen sich eine Vielzahl von Pflanznischen befinden, bilden einen wesentlichen Bestandteil eines Farngartens. Farnbeete können an Nord- oder Ostmauern, jedoch nicht im Traufbereich von Bauten angelegt werden.

Um das Wachstum der Pflanzen zu fördern, helfen ein spezifischer Bodenaufbau und die Anreicherung mit organischem Material. Auch wenn Verbesserungsmaßnahmen des Bodens notwendig erscheinen, sollte man von einem kompletten Austausch absehen. Dabei ist aber zwischen Farnen, die kalkhaltigen und anderen, die humusreichen Boden bevorzugen, zu unterscheiden. Für die letzteren benötigt man Farnkompost, eine Mischung aus einem Teil Lehmerde/zwei Teilen Torf oder Mulch und einem Teil groben Sand, die entweder selbst hergestellt oder als fertiges Produkt gekauft werden kann. Dieses Substrat ist in bis zu zehn cm Stärke auf gut gelockertem Boden aufzubringen.

Da Laub die Oberfläche ebenfalls bereichert, sollten die im Herbst anfallenden Blätter nicht vollständig entfernt werden. Eine

Linke Seite:
Der Rippenfarn flankiert den Aufgang durchaus passend. In halbschattigen Eingangsbereichen ist es schwierig, eine Gestaltungsaussage mit einer standortgerechten Pflanzung zu vereinen.

An diesem kleinen, voll schattigen und versteckten Ort könnte man leicht vorüber gehen. Bepflanzt mit einer Mischung von Farnen und Hosta um ein Wasserbecken, wird der Bereich interessant und einladend.

zu starke und schwere Laubdecke allerdings kann die darunter liegenden Pflanzen erdrücken und Fäulnis auslösen. Außerdem würde man dadurch ideale Schlupfwinkel für Schnecken erzeugen, die sich gerne über Farne hermachen. Wintergrüne Farne unter Laubgehölzen sind im Winter entweder mit einer dünnen Mulchschicht, Laubdecke oder mit Fichtenreisig zu schützen.
Bei sommergrünen Farnen sollte man im Herbst die verwelkten Wedel nicht entfernen, da sie zusammen mit dem Herbstlaub einen natürlichen Winterschutz bilden.
Auch wenn ein Pflanzplan vorliegt, empfiehlt es sich, die Farne zuerst auszulegen, ihren allgemeinen Eindruck zu begutachten, Korrekturen auch im Hinblick auf den Ausbreitungsdrang und die Wuchsform der Farne vorzunehmen und die Begleitpflanzung entsprechend zu verteilen. Nach der Pflanzung ist gründlich zu wässern.
Die Begleitpflanzung sollte eine Ergänzung zu den Farnen darstellen und nicht in Konkurrenz zu ihnen treten. Kombinationen mit Stauden sind eher großzügig und flächig zu gestalten als kleinteilig und filigran. Passende Gräser und Geophyten – vor allem aus dem Waldbereich – ergänzen und beleben den Farnbereich. Auf die Höhe der Begleitpflanzen ist zu achten; sie sollten im vorderen Bereich und Mittelfeld niedriger als die Farne sein. Große dominierende Spezies sind nur im hinteren Bereich des Beetes als Kulisse zu pflanzen.

Empfehlenswerte Begleitstauden, die einzeln, in Gruppen oder flächendeckend verteilt werden, sind unter anderem:
Aruncus dioicus (syn. *Aruncus sylvestris)*, Waldgeißbart,
Aquilegia vulgaris, Blaue Akelei,
Brunnera macrophylla (syn. *Anchusa myosotidiflora*), Kaukasus-Vergissmeinnicht,
Campanula latifolia var. *macrantha*, Waldglockenblume,
Cimicifuga-Arten, Silberkerze,
Corydalis lutea, Gelber Lerchensporn,
Darmera peltata (syn. *Peltiphyllum peltatum)*, Schildblatt,
Epimedium-Arten, Elfenblume,
Hosta-Arten, Funkie, Herzblattlilie,
Hedera helix, Efeu,
Helleborus-Arten, Schneerose, Christrosen,
Lamium maculatum, gefleckte Taubnessel, *Polygonatum multiflorum*, Salomonssiegel,
Primula-Arten, Primel,
Symphitum grandiflorum, 'Whisley-Blue', Kaukasus-Beinwell,
Vinca-Arten, Immergrün.

Neben diesen gängigen Stauden gibt es eine Fülle von ungewöhnlichen, seltener verwendeten Spezies, die sich aber ebenso gut mit Farnen kombinieren lassen wie beispielsweise *Gentiana asclepiadea*, Schwalbenwurz-Enzian, *Kirengeshoma palmata*, Wachsglocke, *Meconopsis betonicifolia* (syn. *M. bai-leyi)*, Tibet-Scheinmohn, *Tricyrtis hirta*, Krötenlilie, *Uvularia grandiflora*, Trauerglocke.

Beiwerk für den Farngarten

Zur Vervollkommnung eines Farngartens gehören Accessoires. Hierbei ist weniger an Skulpturen oder sonstige dekorative Gegenstände zu denken, sondern an natürliches Beiwerk wie Baumwurzeln, Baumstümpfe und Äste. Auch Steine und Findlinge gehören zur Auswahl geeigneter Materialien.

Natursteine und Felsbrocken

Ob einzeln, gruppiert oder in Form von komponiertem Trockenmauerwerk – der Naturstein erfreut sich im Garten wachsender Beliebtheit. Als thematisches Beiwerk des Schattengartens wird er viel häufiger als Wurzelwerk verwendet. Trockenmauern sind nicht nur Mittel zur Überwindung von Höhenunterschieden und zur Grenzbildung, darüber hinaus erzeugen sie eine zusätzliche Bepflanzungsmöglichkeit, denn Fugen bieten Lebensraum für viele Felsspaltenbewohner. Im Gegensatz dazu sind Findlinge, Rundlinge und Steinbrocken reine Dekoration: sie schaffen Unterbrechungen und bilden herausgehobene Blickpunkte im Garten. Ihre Art, Anzahl und Platzierung sind mit besonderer Sorgfalt zu überlegen, da spätere Veränderungen oder gar Entfernung großen Aufwand erfordert. Die Befolgung einiger einfacher Grundregeln kann späteren Problemen vorbeugen:

– Unbedingt an das örtliche Natursteinvorkommen halten, keine exotischen Steine in Bereichen einsetzen, wo ein direkter Bezug zur Umgebung hergestellt werden kann.
– Die Steine müssen eine gewisse Größe haben, um überhaupt zur Geltung zu kommen – unter 30 cm Durchmesser verschwinden sie leicht im Bewuchs.
– Keine aufwändigen Berge bauen, sondern vor der Pflanzung sinnvoll in Zweier- oder Dreiergruppen verteilen; die Steine stets zur Hälfte in den Boden einbetten und nicht wie nahezu frei schwebende Eier auf der Erde ablegen.
– Bruchsteine, Steinbrocken oder andere natürlich anfallende Steinformen sind passender als bearbeitetes Steinmaterial. Altes Baumaterial hat Seltenheitswert und kann eine besondere Note verleihen. Geeignetes Material findet man nicht in Gartencentern, sondern in Steinlagern, wo Steine wie auch Findlinge nach Größen sortiert sind.
– Frisch gebrochene Steine brauchen einige Zeit, bis sie Patina bekommen und sich richtig im Garten einfügen. Bei genügend Platz kann man einen eigenen Vorrat an Steinmaterial bereit halten, »reifen« lassen und nach Bedarf einbauen.
– Entsprechend der Steinart sind die passenden Farne und Begleitpflanzen auszuwählen. Es steht ja nicht der Stein im Vordergrund – er ist lediglich ein Mittel, um Lebensräume für die Farne zu gestalten.

Oben:
Wurzelstöcke stehen zur Auswahl bereit.

Mitte:
Der fertige „Wurzelgarten", von unten nach oben mit *Asplenium scolopendrium*, *Dryopteris affinis* und *Hedera* 'Little Diamond' wie auch *Dryopteris dilatata crispum* 'Whiteside' (gerade noch auf der Rückseite sichtbar).

Baumwurzeln und Baumstümpfe

Um die Jahrhundertwende gehörten Wurzelwerk und Baumstümpfe zur notwendigen Grundausstattung eines Farngartens. Mit ihrem Einsatz wurde der Bezug zum Wald hergestellt. Die Einbindung des Wurzelwerks in einen Garten war damals Sache des Spezialisten; heute ist jeder Gärtner mit einem Gefühl für stimmige Details in der Lage, mit Hilfe unterstützender Anweisungen diese Arbeiten selbst durchzuführen.
Grundsätzlich richtet sich die Anzahl der Wurzeln nach der Fläche und danach, ob die Wurzeln als Begleitung zu einer Pflanzung oder als Hauptelement gedacht sind. Bei nur wenig Platz genügt eine aus drei Wurzelstöcken zusammengestellte Gruppe. Unabhängig von der verwendeten Anzahl müssen die Wurzeln aus einem großen Fundus sauber präparierter Stücke ausgewählt werden. Die Wurzelstöcke sind sorgfältig auf Krankheitsanzeichen zu überprüfen.

Nach der Auswahl sind die Stöcke – mit den Wurzeln nach oben – provisorisch zu stellen, um ihre Wirkung zu überprüfen, eventuelle Korrekturen sind jetzt vorzunehmen. Anschließend werden sie teilweise – wie abgebildet – in der Erde eingegraben. Das angrenzende Erdreich wird ein wenig modelliert und gut eingebaut, dabei sind Hohlstellen zu vermeiden. Anschließend sind die ausgesuchten Farne und Begleitpflanzen vorsichtig in die Zwischenräume hineinzukomponieren.
Im Einklang mit dem Waldcharakter wird die Fläche mit Rindenmulch abgedeckt, der gleichzeitig Unkrautbildung bremst und Feuchtigkeit speichert.

Diese Elemente sollten nicht im Nachhinein, sondern in der Anfangsphase der Planung mit integriert werden. Sie müssen sorgfältig ausgesucht und mit Blick auf die Gesamtwirkung platziert werden.

Eine sparsame Inszenierung eines Farngartens, geeignet für den kleinsten Schattengarten.

Moos – Stimmungsträger des Schattens

In den kahlen Jahreszeiten liefern Moose und Flechten Farbe und Textur.

Wenn man sich von der negativen Einschätzung, die Moos im Allgemeinen hat, löst – man denke an die oft vergeblichen Bemühungen, Moos mit allen Mitteln aus beschatteten Rasenflächen zu entfernen –, dann kann ein scheinbares Unkraut am richtigen Platz zu einer Bereicherung werden. Wenn Moos endlich die ihm gebührende Anerkennung erhalten soll, ist ein radikales Umdenken nötig. Dieser Schritt könnte manch einem tüchtigen Gärtner Schwierigkeiten bereiten.

In schattigen Partien können Moosflächen die beste, manchmal die einzige Lösung sein, um etwas Grün in tief beschattete Flächen zu bringen. Je nach Spezies wachsen Moosarten auf Baumstämmen und Steinen, neben Bachläufen, versteckt zwischen Farnen und anderen Schatten liebenden Pflanzen und sogar als Bodendecker. Je nach Sorte wachsen sie teppich- oder polsterartig. Für fast jeden Bodentyp und jede Feuchtigkeitsstufe gibt es eine geeignete Art. In der Regel bevorzugen sie saure Böden, wie die ausgedehnten Vorkommen in moorigen Gegenden beweisen. Einige unter ihnen sind Seltenheiten, andere wie das Plattenfugenmoos *Bryum* gängige Spezies. Die Bestimmung und Zuordnung der Moose und ihrer Verwandten, der Flechten und Algen, ist eine faszinierende Wissenschaft. In der Zeittafel der Pflanzenwelt sind die Moose einfachere Pflanzen als Farne, jedoch jünger und komplexer als Algen. Ebenso wie bei den Farnen erfolgt die Vermehrung über Sporen.

Bei genauer Betrachtung werden die Unterschiede der Blattformen und Farbabstufungen der Moosarten sichtbar. Viele haben Ähnlichkeit mit der Anordnung der Nadeln bestimmter Koniferen, die entweder eng oder flach-federartig aneinander liegen *(Euryhyn-chium oreganum)* oder auch bürstenartig hervorstehen (wie *Polytrichum*, die wie Miniaturpinien aussehen). Andere haben erkennbare, wenn auch kleine Blätter, beispielsweise die kleinen oval- bis lanzettförmigen Blätter von *Mnium hornum*, die rosettenartig gruppiert sind.
Vor allem die Farbgebung der Moose ist besonders anziehend. Es gibt fast jede Schattierung von Grün, je nach Spezies mit Einsprenkelungen von Rot, Gelb oder Silber. Oft nehmen sie wie Chamäleons Farbe und Lichtverhältnisse der Umgebung an.
Moosgärten sind in Europa im Gegensatz zu Japan, wo Moos ein hoch geschätztes Gestaltungsmittel für Schatten ist, nur vereinzelt zu finden. In japanischen Gärten wird keine Sortimentsschau von Moosen durchgeführt, sondern es findet sich die großflächige Anwendung von wenigen Sorten, in der Regel *Polytrichum*, das sich in zarten grünen Wellen unter Bäumen bewegt.
Moos kann gepflanzt werden. Wer sich dafür entscheidet, braucht Geduld und Fingerspitzengefühl. Zur Grundvorbereitung einer Moosfläche gehören Jäten, Rechen, Harken und anschließend die Erde glatt Rollen, aber dabei nicht verdichten. Steine, Äste, Wurzelwerk, wie auch einzelne passende Sträucher und Farne sind vor der Moospflanzung zu verteilen und einzubauen. Die ausgesuchten Moose können von anderen Orten im Garten verpflanzt, aus anderen Gärten, aber nicht aus Naturschutzgebieten, entnommen werden. Die Pflanzen sind samt Wurzelgeflecht (eigentlich nur eine Verlängerung des zarten »Stammes«) mit einem Messer flach herauszuholen (wie Tortenboden von der Unterlage zu lösen), auf die vorbereitete Fläche zu legen und gut zu wässern.
Besser als das Pflanzen ist die natürliche

Ganz oben: Nahaufnahme von *Polytrichum commune*.

Oben: Moosteppich im Nadelwald. Moos suggeriert Patina, Reife und Ruhe.

Die moosbedeckten Steine haben eine eigene Leuchtkraft. Moos sucht sich seine passenden Plätze, wo es ohne Pflege anhaltend und gut gedeiht.

Moosteppich im Garten. Rasen würde auf diesem Standort nie so üppig wachsen. Im Winter schützt eine Laubdecke, die aber wie bei Farnen nicht zu stark sein sollte. Zur Kontrolle der Schichtstärke sowie zur gleichmäßigen Verteilung des Laubes hat sich der Einsatz von Laubbläsern bewährt.

Wie ein Gemälde öffnet sich der Blick vom Balkon; der frische Austrieb von Straußfarn steht im Kontrast zum dunklen, satten Grün des Mooses, unterbrochen durch helle Rauten. Als Krönung die rötlichen filigranen Blätter des Japanischen Ahorns.

Das sanfte Moospolster schmiegt sich an die Sitzfläche und lädt zum Verweilen ein.

Unterstützung der Bestände im Garten. Man denke hierbei an die Moosvorkommen im Rasen oder auf Steinen und Ästen. Die beste Empfehlung für den angehenden Moosgärtner ist die Beachtung der näheren Umgebung.

Im Schattengarten sind Moose ein wichtiger, fast unverzichtbarer Bestandteil, ein »Stimmungsträger im Garten«, wie der Moosgärtner George Schenk sie zutreffend genannt hat. Moos ist eine haptische Pflanze, die auf Grund ihrer samtigen Qualität wie kaum eine andere zum Berühren und zur spielerischen Prüfung des Federungsgrades einlädt.

Eine beispielhafte Gräser-Stauden-Komposition, die einer näheren Betrachtung würdig ist. Zwei Solitäre, *Carex pendula* und *Polygonum amplexicaule* sind als Pendant zueinander gepflanzt, begleitet von *Deschampsia cespitosa*.

Gräser im Schattengarten

Halbschattige Bereiche, beherrscht von auffallenden Ziersträuchern, sind in der Regel schwer zu bepflanzen, weil zum einen die Grundbedingungen ungünstig sind (trocken und schattig) und zum anderen die kräftigen Blütenfarben die Auswahl an geeigneten Bodendeckern einschränken.
Bei solchen Situationen ist *Luzula nivea*, in großflächigen Bändern eingesetzt, eine ideale Lösung.

Nach vielen Jahren unbeachteter Präsenz gewinnen Gräser in der Gartengestaltung zunehmend an Bedeutung. Ihren Wert für die Komposition von Staudenpflanzungen hat Karl Foerster schon in der Mitte dieses Jahrhunderts hervorgehoben, doch ähnlich wie bei der Einbindung von Farnen dauerte es noch geraume Zeit, bis das große Gestaltungsspektrum dieser Pflanzen ins Bewusstsein rückte. Zwar gab es bereits auf den Gartenschauen der 70er-Jahre Anwendungsbeispiele für ihre Vielseitigkeit, doch der eigentliche Durchbruch setzte erst ein, als neue Grassorten mit außergewöhnlich wirkungsvollen Blütenständen und auffallendem Blattwerk als Ergebnis der züchterischen Arbeit von Ernst Pagels in Deutschland und Kurt Bluemel in den USA entstanden.
Die hohe ästhetische Qualität und die vielfältigen Verwendungsmöglichkeiten dieser Gräser waren so überzeugend, dass ihnen nun endlich die gebührende Aufmerksamkeit zuteil wurde. Die renommierten Landschaftsarchitekten Wolfgang Oehme und James van Sweden schufen durch die großzügige Kombination nordamerikanischer Wildstauden der Prärie mit Gräsern der sonnigen Freiflächen kunstvolle und doch natürlich wirkende Vegetationsbilder, die richtungweisend für eine neue Tendenz in der Gartengestaltung der USA wurden. In Europa wurde dieser Impuls unter anderem von dem Niederländer Piet Oudolf aufgegriffen, der Gräsern eine zentrale Rolle als Blickpunkt und thematische Überleitung in

Oben:
Die horstig wachsende *Carex flagellifera* zeichnet sich durch ihre besondere Farbe aus. Winterschutz ist unbedingt erforderlich.

Unten:
***Carex morrowii* 'Variegata', ein hervorragendes Gras für halbschattige Bereiche, eignet sich gut für die Verwendung in kleineren Gruppen.**

seinen Staudenkompositionen einräumt. In Deutschland war es vor allem Urs Walser, der im Sichtungsgarten »Hermannsdorf« in Weinheim im Zusammenhang mit seinen Untersuchungen über dauerhafte Pflanzengesellschaften auch Gräser als wichtige Komponente mit einbezog und ihre vielfältigen Verwendungsmöglichkeiten für alle Gartenbereiche demonstrierte.
Gräser unterscheiden sich äußerlich von den meisten anderen Pflanzen durch folgende Charakteristika: Sie haben als Basis einen häufig überhängenden Blattschopf, der aus langen, schmalen Blättern besteht. Hieraus erhebt sich eine Vielzahl aufrechter oder geneigter Halme mit oft wenig auffallenden Blütenständen. Dieses besondere Erscheinungsbild kann zunächst eine gewisse Unsicherheit im Hinblick auf die Verwendungsmöglichkeiten auslösen. Entsprechende Aufklärung und Beispiele sollen dazu beitragen, diese ebenso wie auch das häufig bestehende Vorurteil abzubauen, dass es sich bei Gräsern generell um ein wucherndes Unkraut handelt, dem kaum beizukommen ist.
Die folgenden Ausführungen zeigen, dass Gräser bei richtigem Einsatz überaus gartenwürdige Gestaltungselemente für schattige Standorte abgeben. Gräser gehören zu den erfolgreichsten Pflanzen der Erde und sind an den unterschiedlichsten Standorten zu finden: am Meer, in der Steppe, im Sumpf, in der Wiese, in Wäldern, in und am Wasser und im Gebirge. Sie liefern einen wichtigen Beitrag für das Ökosystem unseres Planeten, besiedeln als Pionierpflanzen Brachland, schützen vor Erosion und decken einen Großteil des Nahrungsbedarfs für Mensch und Tier ab.

Gräserfamilien

Für die Verwendung im Garten eignen sich vor allem drei Gräserfamilien, die unter dem Begriff »Ziergräser« zusammengefasst sind: die echten Gräser oder Süßgräser *(Gramineae)*, die Ried- oder Sauergräser *(Cyperaceae)* und die Binsengewächse *(Juncaceae)*; die beiden Letztgenannten gehören nicht zu den Gräsern, werden aber als grasartige Familien eingestuft, da sie gewisse Charakteristika mit den Süßgräsern gemeinsam haben. In allen drei Grasfamilien gibt es Gräser, darunter viele heimische von unterschiedlicher Größe und Gestalt, die sich für halbschattige und schattige Bereiche anbieten.

Die echten Gräser oder Süßgräser stellen mit etwa 9000 Arten die umfangreichste Familie dar. Zu ihnen gehören neben ein- und mehrjährigen Rasengräsern Getreidearten wie Weizen und Reis, Bambus, Ziergräser für sonnige Bereiche (unter anderem *Miscanthus*, Chinaschilf, *Pennisetum*, Federborstengras), sowie eine Anzahl attraktiver Wald- oder Schattengräser (beispielsweise *Deschampsia cespitosa*, Rasenschmiele, *Melica nutans*, Nickendes Perlgras, *Milium effusum*, Flattergras). Die Blätter, auch Blattspreiten genannt, stellen ein charakteristisches Unterscheidungsmerkmal der Süßgräser dar. Sie sind zumeist lang, schmal und spitz zulaufend und weisen häufig parallel verlaufende Adern auf. Sie stehen entweder aufrecht oder sind bogig geneigt, flexibel oder steif. Die Blattoberfläche kann glänzend oder matt, behaart oder glatt sein.
Die Stängel oder Halme, wie sie botanisch bezeichnet werden, sind meist hohl und weisen Verdickungen und Knoten auf, aus denen die Blätter entspringen. Die Blütenstände der echten Gräser haben Formen, die für die einzelnen Grasarten charakteristisch sind. Sie resultieren aus der unterschiedlichen Anordnung der durch die unscheinbaren Einzelblüten gebildeten Ährchen. Hier lassen sich drei voneinander abweichende Anordnungsmuster ausmachen, die ähnlich wie der Fiederungsgrad bei den Farnen Zuordnungen zu bestimmten Arten erlauben:
– Zuweilen kompakt wirkende, längliche Ähren, bei denen die Ährchen ungestielt

Auf Grund ihrer Vielseitigkeit, Anpassungsfähigkeit und einzigartigen Schönheit können Gräser eine wichtige Rolle als Pflanzenpartner für Blütenstauden spielen.

direkt an der Hauptachse sitzen (beispielsweise *Brachypodium sylvaticum*, Waldzwenke).

- Blütentrauben, deren Ährchen an langen, unverzweigten Stielen sitzen (z.B. *Melica nutans*, Nickendes Perlgras), wodurch sie schon weniger starr wirken.
- Blütenrispen, bei denen die an kleinen Stielen angewachsenen Ährchen längeren Stielen entspringen, die von der Hauptachse quirlig oder einzeln angeordnet abzweigen. Dieser Blütenstand ist am lockersten und Gräser mit dieser Anordnung wirken besonders graziös (*Deschampsia cespitosa*, Rasenschmiele).

Die zweite grasartige Familie wird durch die so genannten Sauer- oder Riedgräser gebildet, die fast 4000 Arten umfasst. Hierzu zählen *Carex* (Seggen), *Scirpus* (Simsen) und Eriophorum (Wollgras). Auch wenn diese Familie nicht zu den echten Gräsern zählt, wird sie doch aufgrund gewisser Gemeinsamkeiten, wie zum Beispiel schmale, parallelnervige Blätter und kleine, unscheinbare Blüten als grasartige Pflanze bezeichnet. Ihre unverzweigten, knotenlosen Halme sind meist dreikantig und mit Mark gefüllt. Die Blattränder sind oft rau (z. B. bei den *Carex*-Arten) und die Stängel und Blätter steif.
Die Riedgrasgewächse sind meist mehrjährige Pflanzen, die größtenteils feuchte bis nasse Plätze besiedeln. Einige unter ihnen, vor allem die für den Schattengarten unentbehrlichen *Carex*-Arten, bevorzugen halbschattige bis schattige Standorte, an denen sie sich allmählich ausbreiten.
Zu der dritten grasartigen Familie zählen die Binsengewächse mit annähernd 400 Arten, von denen aber nur *Luzula* (Hainsimse) und in geringerem Maß *Juncus* (Binse) für den Einsatz im schattigen Garten eine Rolle spielen. Charakteristisch für die Binsengewächse sind runde, selten ovale, knotenlose Stängel, die mit Mark gefüllt sind. Während *Juncus* feuchte, moorige Standorte in der Sonne oder im lichten Schatten besiedeln, bevorzugen *Luzula* eher schattige Bereiche unter Bäumen, wo sie auch noch unter schwierigsten Bedingungen gedeihen.
Ein gewisser Einblick in die morphologischen Eigenarten der Ziergräser, deren Blüten vom Wind bestäubt werden, sowie die Kenntnis ihrer Zugehörigkeit zu verschiedenen Gräserfamilien können helfen, Fehler beim Einsatz von Gräsern zu vermeiden. Der an weiteren Einzelheiten interessierte Leser sei an die einschlägigen Fachbücher im Anhang verwiesen.

Qualitäten der Gräser

Gräser bereichern durch ihre vielfältigen Vorzüge jede Gartensituation. Sie haben eine skulpturhafte Wirkung durch die häufig fächerartig gespreizte Geometrie der aufragenden Halme, die sich im leisesten Windhauch gegeneinander verschieben und wechselnde Ausblicke auf die Nachbarpflanzen freilegen. Durch Gräser werden im Garten Bilder von freier, unberührter Natur erzeugt, wenn in ihren zarten Blütenständen Tautropfen in der Morgensonne wie Kleinode funkeln oder im Spätherbst Raureifkristalle die vergilbten Halme mit einem weißen Pelz überziehen.
Gräser schmücken sich zwar nicht mit farbintensiven Blütenständen, dennoch ist die Skala der Farbnuancen, die sich zudem im Lauf der Jahreszeiten verändern können, erstaunlich groß und lässt vielfältige Kombinationsmöglichkeiten mit anderen Pflanzen offen. Die Palette der Farben reicht von allen erdenklichen Grüntönen über Weißlich-gelb, Blaugrau, Purpur, Rötlich bis Braun und liefert das passende Gras für jede Situation. Einige zeichnen sich durch auffallend gelbgrüne Farbgebung aus wie beispielsweise *Carex elata* 'Bowles Golden' und wirken in schattigen Gartenecken als Aufheller; andere wiederum zieren das ganze Jahr über durch frischgrüne Blätter wie etwa *Carex plantaginea* oder sie ziehen sich ein herbstlich-goldenes Gewand über wie *Molinia caerulea*.
Neben der Farbgebung beeinflussen den

Ein Charakteristikum der Gräser besteht darin, dass sie auf ihre pflanzliche Umgebung optischen Einfluss nehmen, ihr Erscheinungsbild aber auch umgekehrt von den benachbarten Pflanzen beeinflusst werden kann.

Gesamteindruck eines Grases noch seine Wuchsform, seine Textur und Höhe, die sehr variabel sind und viele gestalterische Möglichkeiten eröffnen. Außerdem sind Gräser in der Regel pflegeleicht, robust und für die unterschiedlichsten Standorte geeignet. Gräser wirken beschwingt und lockern flächige Pflanzungen auf, sie tragen ähnlich wie Farn dazu bei, eine ruhige Stimmung zu erzeugen, zwischen verschiedenen Pflanzenpartnern zu vermitteln, diese in ihrer Wirkung zu überhöhen oder zurückzunehmen. Sie lassen sich vielfältig kombinieren, bewahren lange eine ansehnliche Gestalt und bereichern so das Gartenbild im Winter. Unter den Schattengräsern gibt es neben sommergrünen eine ganze Anzahl wintergrüner Arten, die sich wegen ihrer überdauernden Qualität gut für eine Grundbepflanzung eignen. Ein Nachteil der sommergrünen Gräser ist der, dass sie relativ spät austreiben. Zum Ausgleich dafür schmücken sich einige unter ihnen mit lange ansehnlichen Blütenhalmen, die allerdings keiner höheren Schneelast standzuhalten vermögen.

Das grasartige *Ophiopogon planiscapus* 'Nigrescens' ist eine der aktuellen Modepflanzen, obwohl nur sehr beschränkt einsetzbar. Verwenden Sie es entweder in Solitärstellung (S.7) oder in unmittelbarer Nähe von ruhigen, neutralen Pflanzen wie hier Wurmfarn.

Hier überträgt sich die Purpurtönung des Japanischen Ahorns auf das bräunliche *Carex flagellifera* und verwandelt es in eine rosenholzfarben schimmernde Kostbarkeit.

Wuchsformen der Gräser

Da die Form der Gräser ihre Verwendung im Garten bestimmt, ist es erforderlich, sich bei der Auswahl nicht vom Farbton, sondern der Wuchsform und der endgültigen Größe der Pflanze leiten zu lassen. Drei unterschiedliche Wuchsformen mit teilweise fließenden Übergängen sind auszumachen:

- Aufrecht: In dieser Gruppe finden sich die meisten Schattengräser, die von wenigen höheren Spezies abgesehen (zum Beispiel *Calamagrostis* x *acutiflora* 'Karl Foerster', das einen licht-schattigen Platz am Gehölzrand bevorzugt) von mittlerer bis niedriger Höhe sind. Sie eignen sich gut für Gruppierungen und teilweise auch für flächige Pflanzungen wie beispielsweise *Luzula nivea*. Vor allem größere, aufrecht wachsende Gräser bringen durch die stark grafisch wirkende, parallele Ausrichtung der Halme und Blütenstände ein vertikales Element in eine Pflanzung. Sie verändern ständig je nach Windrichtung und -stärke die hinter ihnen gepflanzten Staudenstrukturen – eine für Gräser typische Dynamik, die als besondere Komponente gezielt eingesetzt werden sollte.
- Hügelig oder schräg ausschwingend: Hierzu gehört eine größere Anzahl mittelgroßer Schattengräser, die auch als Solitäre gut zur Wirkung kommen und in einem gewissen Abstand voneinander gepflanzt werden sollten, damit sich die visuelle Qualität der schräg gestellten Halme voll entfalten kann

Oben:
Bänder von unterschiedlichen Grasarten werden auf natürliche und doch kunstvolle Weise ineinander gewoben: frisch grüner Austrieb von *Luzula pilosa* vor *Luzula nivea*.

Unten:
Hier ist der Übergang zwischen Baum und Boden locker und standortgerecht mit einem Waldgras gelöst.

(zum Beispiel *Molinia caerulea* 'Strahlenquelle', ein Gras für Halbschatten mit besonders intensiver Herbstfärbung, oder *Deschampsia cespitosa*, das sich durch lange haltbare, duftig-filigrane Blütenstände auszeichnet). Diese Wuchsform ist auch einigen besonders robusten und genügsamen, niedrigen Gräsern für halbschattige und schattige Bereiche eigen, die in größeren Gruppen oder als Bodendecker einzusetzen sind (wie etwa *Luzula sylvatica* und *L. pilosa*).

– Bogig übergeneigt: Dieser Wuchs ist vor allem für verschiedene *Carex*-Arten charakteristisch wie beispielsweise die horstig wachsende, niedrige *Carex morrowii* 'Variegata', ein robustes, wertvolles, immergrünes Schattengras für kleinere Gruppen und Bodendeckung. Die auffälligste bogige Neigung zeigt die in ganz Europa verbreitete *Carex pendula*, die Hängesegge, die auf Grund ihrer Raum greifenden Gestalt nur als Solitär und in gebührendem Abstand zur Nachbarpflanzung verwendet werden sollte. Bei dieser Wuchsform ist zu beachten, dass die Wirkung der stark geneigten Blütenstände über den eigentlichen Pflanzenumriss hinausreicht und daher Überschneidungen mit anderen Pflanzensilhouetten zu vermeiden sind.

Ein weiteres halbhohes Schattengras, das vor allem durch seine einseitige Neigung auffällt und sich für flächige Bepflanzung eignet, ist *Hakonechloa macra*, ein sommergrünes Gras.

Einsatz von Gräsern im Schatten

Während die Sonnengräser auf Grund ihrer teilweise auffälligen Blütenstände und imposanten Pflanzengestalten schon seit einiger Zeit in die Komposition von Staudenbeeten einbezogen werden, führen ihre bescheidenen Schwestern aus dem Schatten immer noch ein viel zu wenig beachtetes Dasein. Mit ihnen kann man keine spektakulären Effekte erzielen, weil sie wie die Stauden aus diesem Bereich im Allgemeinen zurückhaltender wirken und sich eher durch Qualitäten auszeichnen, die man erst nach und nach wahrnimmt. Die Töne der Waldgräser sind gedämpfter, sodass man sie auf vielfältige Weise kombinieren kann. Vor allem im Kontrast zu großblättrigen Blattschmuckstauden, aber auch zu Bodendeckern mit runden oder herzförmigen Blättern kommen sie vorteilhaft zur Wirkung. Sie sind von unaufdringlicher Eleganz, unterstreichen durch ihre Andersartigkeit die Eigenschaften anderer Pflanzen und spielen als zurückgenommene Partner eine ähnliche Rolle wie Farne im Sinne von Beruhigung, Konzentration und thematischer Überleitung.
Für schattige Bereiche gibt es eine ganze Reihe von Gräsern, die auch in heimischen Laubwäldern gedeihen. Sie sind zum Teil immergrün und finden auch an schwierigen Standorten ihr Auskommen. Sie zieren mit ihren robusten, teppichartigen Polstern und treiben ihre Blütenähren zum Teil schon sehr früh aus. Sie ertragen teilweise tiefen

Schatten und den Wurzeldruck von Bäumen, sowie anhaltende Trockenheit. Diese Gräser sind gute Partner für niedrig bleibende, flächig wachsende Schattenstauden und für Geophyten. Neben den heimischen Waldgräsern gibt es aber auch zahlreiche Kultivare, die primär für die Verwendung im Garten gezüchtet wurden und damit für eine »künstliche«, gärtnerische Umgebung geeignet sind.
Mit Schattengräsern lässt sich im Garten eine heitere Atmosphäre und die Illusion unverfälschter Natur erzeugen. In schattigen Bereichen sollten überwiegend immergrüne Gräser verwendet werden, da sie als wichtige Gerüstpflanzen während des ganzen Jahres wirken. Gräser können in schattigen Gartenteilen als Solitäre verwendet werden und an herausgehobenen Punkten Blickfänge bilden. Hier ist auf eine gewisse Höhendifferenz zwischen Solitärgras und Begleitpflanzung zu achten, da sich sonst keine Wirkung einstellen kann. Auch die Blattform der beigesellten Pflanzen sollte eher neutral und keinesfalls spitz sein, da sonst visuelle Konkurrenz entsteht. Damit die Form des Grases zum Tragen kommt, sollte zwischen der Begleitpflanzung und dem Gras ein entsprechender Abstand eingehalten werden. Die Verwendung von größeren Solitär-Schattengräsern ist selten, da die Auswahl sehr begrenzt ist. Allerdings könnte man auch besonders reizvolle kleinere Gräser in dieser Funktion verwenden, zum Beispiel die winzige immergrüne panaschierte *Carex* 'Hime-kansuge'.

Topfbepflanzung ist en vogue: Passend zu jeder Gartengröße und Situation lassen sich die unterschiedlichsten Gräser als Topfpflanzen einsetzen, wie links oben eine Grasperücke aus *Hakonechloa macra* 'Aureola' oder auf Seite 101 links oben ein weniger spektakuläres Gras in einem auffälligen Topf. Ein Vorteil ist es, dass man den für das Wachstum der Pflanze geeigneten Platz auswählen und die Standorte nach Bedarf wechseln kann.

Für die Verwendung in Gruppen steht eine große Anzahl von überwiegend horstig wachsenden Schattengräsern zur Verfügung, die sich gut mit anderen Pflanzen kombinieren lassen. Als Partner eignen sich vorwiegend natürlich wirkende Pflanzen, die schon für die Kombination mit Farnen empfohlen wurden.
Als Boden- oder Flächendecker sind robuste Waldgräser geeignet, die sich langsam über horstige Büschel oder durch Ausläufer teppichartig ausbreiten und zumTeil auch auf trockenen und schattigen Plätzen unter Bäumen gedeihen. Während von einer großflächigen Verwendung von Bodendeckergräsern abzuraten ist, weil dies leicht eintönig wirkt, führt das lockere Ineinanderfließen von Bändern aus unterschiedlichen Schattengräsern zu reizvollen, völlig neuartigen Vegetationsbildern. Hier werden gewisse Prinzipien der eingangs erwähnten Präriepflanzungen aufgegriffen und in einen ganz neuen Kontext gestellt.

Pflanzung, Pflege und Winterschutz

Gräser sind im Allgemeinen nicht schwieriger zu kultivieren als jede andere Pflanzengruppe. Wenn man die Grundbedürfnisse der für die Grasarten entsprechenden Standorte erfüllt, sind sie ausgesprochen pflegeleicht. Als Boden eignet sich jede normale Gartenerde, die tiefgründig zu lockern ist. Da Gräser im Allgemeinen keine Staunässe vertragen, sollte man für guten Wasserabzug sorgen. Bei der Pflanzung von Waldgräsern ist der Boden mit Laubkompost anzureichern, wenn nicht die umgebenden Gehölze auf natürliche Weise dafür sorgen. Weitere Düngergaben sind nicht notwendig. Der beste Zeitpunkt für die Pflanzung liegt im Frühjahr. Bei Herbstpflanzung ist vor allem auf schweren Böden mit Ausfällen zu rechnen, da die Pflanzen hier kaum mehr richtig einwurzeln können.
Nach der Pflanzung, die bevorzugt mit Topfballen erfolgen sollte, ist durchdringend zu wässern und vor allem im ersten Jahr für regelmäßige Wassergaben zu sorgen. Nicht nur aus gestalterischen Überlegungen sollte man auf die Pflanzendichte achten; diese trägt ganz entscheidend zur Langlebigkeit bei.
Bei zu engem Stand entsteht leicht Kümmerwuchs oder die Pflanzen gehen ein. Es ist günstiger, den Abstand zwischen den Grä-

sern, aber auch zur Nachbarbepflanzung eher größer zu halten, sodass es einige Jahre dauern kann, bis sich die Pflanzendecke geschlossen hat. Für die zu verwendende Stückzahl pro Quadratmeter gibt es nur ungefähre Richtwerte, die Fachbüchern entnommen werden können.
Bei der Pflege von sommer- und immergrünen Gräsern gibt es unterschiedliche Maßnahmen: sommergrüne Gräser sollten im zeitigen Frühjahr unmittelbar vor dem Neuaustrieb bis auf den Boden zurückgeschnitten werden, damit die Spitzen der nachwachsenden Blattspreiten nicht beschädigt werden. Da die Blütenstände der meisten sommergrünen Gräser ihr attraktives Aussehen bis zum Winterende bewahren, würde man sich durch einen früheren Rückschnitt dieser Zierde berauben. Immergrüne Gräser sind im Frühjahr nur auszuputzen – es genügt meist mit den Fingern durchzustreifen. Nur bei extremen Frostschäden oder Überalterungserscheinungen ist eine Schere einzusetzen. Manche Gräser sollte man alle paar Jahre aufnehmen und teilen, weil sie sonst zu groß werden (zum Beispiel *Deschampsia cespitosa*). Zur Pflege gehört auch die regelmäßige Entfernung lästiger Sämlinge, um zu große Bestände an Einwanderern an unerwünschter Stelle zu unterbinden. In der blattarmen Zeit benötigen immergrüne Schattengräser wie alle anderen immergrünen Stauden aus dem schattigen Bereich Schutz vor direkter Sonneneinstrahlung und kalten Winden, da sie sonst vergilben oder

braune Spitzen bekommen. Vor allem die Vorfrühlingssonne, deren Intensität nicht zu unterschätzen ist, macht allen immergrünen Pflanzen zu schaffen. Wurden obendrein vorher schattenspendende Gehölze aufgeastet oder gar gefällt, müssen die unmittelbaren Auswirkungen dieser Auslichtung unbedingt mit zusätzlichen Beschattungsmaßnahmen, wie etwa einer sorgfältigen Abdeckung durch Fichtenreisig, kompensiert werden. Diese Art der Beschattung ist in jedem Fall bei Neupflanzung, aber auch in schneearmen Wintern vorzunehmen. Auch unter den sommergrünen Gräsern gibt es einige Arten, die in rauen Lagen mit Laub oder Reisig geschützt werden sollten (z. B. *Hakonechloa macra*).

Es gibt eine ganze Reihe von weiteren pflegeleichten und attraktiven Gräsern – sowohl aufrecht als auch bogig –, die für Topfkultur bestens geeignet sind. Ihre zum Teil immergrünen oder besonders gefärbten Blattschöpfe sowie die lange Zeit zierenden Blütenstände bringen in schattige Innenhöfe einen Hauch von Waldatmosphäre. Auch dunkle, schwer zu bepflanzende Gartenecken können durch einige Töpfe mit Gräsern aufgewertet oder belebt werden.

Innerhalb der Süßgräser nimmt der Bambus eine Sonderstellung ein. Er ist ein Exot, der sich durch sein Erscheinungsbild deutlich von den übrigen Ziergräsern abhebt und aufgrund anderer Entwicklung der Gartengestaltung in westlichen Gärten leicht deplatziert wirkt. Vor allem die Kombination mit Stauden führt zu einem unbefriedigenden Ergebnis. Als Solitär in einem Innenhof verwendet, kann er seine unbestritten hohen ästhetischen Qualitäten voll entfalten, da er nicht in Konkurrenz zu anderen Pflanzen steht.

Im Wechsel von Hell und Dunkel erscheint die Dunkelheit schwarz und tiefer, dafür leuchten die hellen Zonen umso stärker.

Lichtpunkte setzen

In der Grotte von Stourhead Garden ist der Wechsel von Hell und Dunkel ein wichtiges Gestaltungselement, das durchaus auf tief beschattete Gärten und Gartenhöfe übertragen werden kann.

Schatten ist eng mit Empfindungen verknüpft, die im Bereich des Geheimnisvollen, Zauberhaften liegen. Unerwartetes und Kontrastierendes können gemeinsam oder nebeneinander im Schattengarten auftreten. Diese Effekte werden aber nicht allein durch Pflanzen, sondern auch durch unterschiedliche Materialzusammenstellungen oder Kunstobjekte ausgelöst. Sparsam und gezielt angewandt, kann Licht im Schatten Spannung erzeugen und das Interesse auf einen bestimmten Punkt lenken. Gestalten im Schatten ist ein sensibler Prozess, ein ständiges aufmerksames Abwägen der Zielvorstellungen und der erzeugten Wirkung. Die geringe Lichtmenge muss mit unterstützenden Hilfsmitteln geleitet werden, um einen optimalen Effekt zu erzielen. Grotten etwa sind anschauliche Beispiele aus romantischer Zeit für den souveränen Umgang mit Licht und Schatten: Nach dem dunklen Eingangsbereich, in dem sich die Augen erst einmal auf geringe Lichtmengen einstellen können, fällt Licht durch eine Kuppelöffnung und beleuchtet eine Bodenfläche; von dort reflektierendes Licht hellt nur die unmittelbare Umgebung auf. Ganz ähnliche Wirkungen findet man im Wald, wenn eine Lichtung wie eine hell erleuchtete Bühne besondere Ereignisse ahnen lässt. Was in der Natur spontan geschieht, kann im Garten in wesentlich kleinerem Maßstab inszeniert werden. Man übernimmt dabei die Rolle eines Regisseurs, der über viele Mittel verfügt, um Sonnenstrahlen aufzunehmen und dorthin

Gerade in stark beschatteten, umbauten Bereichen spielt die Farbgebung eine wichtige Rolle. Wäre alles in hellen Tönen gehalten, würde es eintönig und spannungslos wirken.

umzulenken, wo sie die beste Wirkung erzeugen können. Beim Umgang mit Licht ist die Unterscheidung von flächiger und punktartiger Anwendung von Bedeutung. Welche der beiden Möglichkeiten zum Einsatz kommt, hängt von der Lichtmenge und von den Objekten oder Pflanzen ab, für die sie eine Bühne bilden. Je nachdem, ob ein Einzelelement Gewicht bekommen oder ob eine Fläche insgesamt aufgehellt werden soll – das Ergebnis unterscheidet sich deutlich. Unabhängig davon, welches Aufhellungsmittel zur Anwendung kommt, müssen Form, Farbe und Textur wie auch die unterschiedlichen Auswirkungen von matten und glänzenden Flächen gleichermaßen in die Inszenierung mit einbezogen werden. Während matte Flächen nur wenig Licht reflektieren, aber den Grundton einer Farbe gut wiedergeben, scheinen glänzende Flächen abhängig von der jeweiligen Farbe wesentlich mehr zurückzustrahlen. Dunkle, stumpfe Flächen können eine düstere Atmosphäre steigern und bei Feuchte ein Gefühl von Kälte hervorrufen. Hier kann bereits eine unverhältnismäßig kleine Lichtquelle zu freundlicher Stimmung und atmosphärischer Wärme verhelfen. Instrumente dazu können sein:
- helle Wände
- Wasser in allen Formen
- Glas und Spiegel
- glänzende oder helle Gegenstände
- glänzende, leuchtende oder panaschierte Blätter
- weiße oder zumindest helle Blüten.

Wasser im Schatten zieht ebenso alle Aufmerksamkeit auf sich – sei es in stehender oder fließender Form oder im mikroskopischen Bereich als Wassertropfen oder Tauperlen. Und das nicht nur wegen des Geräusches, auch wegen seiner von der Umgebung abweichenden Lichtqualität.

Ein Teil der Vorschläge sind traditionelle Maßnahmen in der Gartengestaltung, andere wiederum bedienen sich bestimmter Effekte aus der Innenarchitektur oder aus der Bühnenbildnerei. Es sind alles nützliche und zulässige Kunstgriffe, um »Licht« in einen schattigen Garten zu bringen und ihn dadurch gezielt zu beleuchten oder optisch zu vergrößern.

Helle Wände

Es ist in mancherlei Hinsicht ein klassisches Mittel, dunkle Höfe mit heller Wandfarbe zu behandeln, um sie zu beleben. Man muss aber berücksichtigen, dass rein weiße Wände für bestimmte Situationen nicht die beste Wahl sind, weil sie außer einer Aufhellung oder gerade dadurch kühle und unbeteiligte Neutralität bewirken. Ein zu harter Hell-Dunkel-Kontrast hat dagegen einen Effekt der Blendung. Spezielle Farben, vor allem Blautöne oder synthetische Grünrichtungen werden mit emotionaler Kühle in Verbindung gebracht.
Zur Vermeidung solcher Empfindungen sind warme, milde Töne – Erdfarben in Ockertönen bei Mischung mit Rotanteilen – zu empfehlen. Natürlich spielt die Größe einer Farbfläche und damit die Proportion der mit ihr konkurrierenden Pflanz- oder Pflasterfläche eine wichtige Rolle. Bei sehr zurückhaltendem, punktuellem Einsatz kann aber auch reines Weiß oder Blau bereichernde Beiträge leisten, etwa ein weißes Rankgerüst vor dunklerem Hintergrund, das durch seinen Bewuchs ohnedies organische Unterbrechungen bietet.

Oben:
Ocker und Orange sind die schönsten Farben für schattige Höfe. Beide sind warm und leuchtend, ob in südlichen oder nördlichen Ländern eingesetzt.

Unten:
Lachs-Pink ist vielleicht eine ungewöhnliche Farbe für einen Gartenschuppen, aber wie die Erfahrung zeigt, eine der besten Hintergrundfarben im Schatten für immergrüne Pflanzen wie Efeu.

Wasser

Wasserläufe oder Wasserflächen reflektieren Licht auf spiegelnde, vor allem ständig wechselnde, formal nicht vorhersagbare Weise. Die Einsatzmöglichkeiten von Wasser reichen vom dünnen Wassernebel über Wassertropfen oder von stürzendem Wasser bis zu ruhigen und fließenden Flächen. Wasserspeier, verborgen hinter einem grünen Bewuchsvorhang, können nebelartige, schimmernde Schleier hervorbringen, die sich nach dem Absinken und durch Luftströmungen niederschlagen. Lichtreflexe im Zusammenhang mit Wasser sind in ihrer optischen Wirkung an die eingesetzten Mengen des Elements Wasser gebunden und reichen von der Zerlegung des auftreffenden Lichts in Spektralfarben bis zur reinen, gespiegelten Wiedergabe der unmittelbaren Umgebung. Ob in Form von Tröpfchen oder strömenden Mengen – Wasser schafft in Kaskaden oder Treppen eine zusammenwirkende Harmonie des gesamten Geschehens, besonders effektvoll etwa in Schattenkompositionen mit Farn und Efeu. Während im kleineren Maßstab einer Wasseranwendung Verlauf, Bepflanzung, Hindernisse oder Steine wichtige Elemente sein können, sollten bei einer beabsichtigten Spiegelwirkung ruhiger Flächen Bewuchsthemen in den Hintergrund treten.

Dennis Fairweathers Wasserskulptur symbolisiert Licht und Schatten zugleich; Bewegung und Stille sind in beispielhafter Form vereinigt.

Tautropfen auf Hostablättern.

Im Spiegel wird der Gehölzrand auf raffinierte Art lebendig. Die Form des Spiegels ist entscheidend: während strenge Umrisse an Mauerwerk und Wänden ihren Platz haben, kommen organische Formen in natürlicher Umgebung besser zur Geltung.

Glas und Spiegel

Auf den ersten Blick sind Glas und Spiegel eher ungewöhnliche Gegenstände in einem Garten, obwohl sie dort schon seit langem ihren Platz haben. In schattigen Gärten übernehmen sie eine wichtige Rolle als Glanzlicht und Blickfang. Dabei kann man sie nicht nur, wie in Bauerngärten üblich, als bunte Kugeln auf Stangen setzen, sondern überall, selbst auf dem Boden platzieren. Kugeln in vielen Farben und Größen, einzeln oder in Gruppen, sind wichtige, kostbare und überraschende Blickpunkte und dienen zu allen Jahreszeiten als Glanz- und Glättekontraste selbst in kleinsten Gärten.
Zu den ausgefallenen Ideen können Wände aus Glasbausteinen gezählt werden. Schimmernd und opalisierend scheinen sie eher in modernen Stadtgärten anwendbar, bedürfen aber überall als Bauelement einer kundigen Materialabstimmung mit Gebäudeteilen, mit denen sie konkurrieren könnten. Zudem sind sie pflegeintensiv, neigen zur Verschmutzung und werden schnell unansehnlich.
In kleinen Stadtgärten oder in dunklen Gartenbereichen sind Spiegel nicht nur als Lichtquelle willkommen, sondern auch als symbolischer Wasserersatz. Sie können ebenso gut beispielsweise das Format von langen, schmalen Türen oder hohen Fenstern im Erdgeschoss aufnehmen und in Gartenwände, Mauern oder Zäune integriert sein. Spiegel sollten dabei stets in einen Rahmen gesetzt werden. Aber auch kleinere Spiegel-

flächen, wie Guckfenster in Augenhöhe, bereichern schattige Zonen.
Um ihre Wirkung effektvoll zur Geltung zu bringen, ist die genaue Auswahl eines prägnanten Ortes unverzichtbar, beispielsweise am Ende einer Blickachse, im Bereich eines Sitzplatzes oder in Korrespondenz mit einem Blick aus dem Fenster des Hauses. Blicke können so verlängert, ja verdoppelt werden, ein Garten erscheint nicht nur partiell größer, sondern auch tiefer und heller. Wenn man die Spiegel dauerhaft der Witterung aussetzt, sollten sie regelmäßig geputzt und nach einigen Jahren ersetzt werden.

Auf einer Reise fiel diese ungewöhnliche Idee auf: Chiantiflaschen aus dem Container fanden eine neue Verwendung als Lichtfänger im Garten.

Eine Wand aus Weinflaschen mag eine Spielerei sein, aber an der richtigen Stelle kann sie eine eintönige Trennmauer beleben oder zusätzliches Licht in einen überdachten Bereich bringen.

Spiegelnde Flächen, ob Glas oder polierter Edelstahl, können Wasser ersetzen. Für eine optimale Wirkung gehören sie in eine neutrale Umgebung. Sei es ein einfacher Bodenbelag oder eine flächendeckende Pflanzung. Kies, wie hier abgebildet, ist nicht unbedingt empfehlenswert, da die Oberfläche des Stahls leicht verkratzt werden kann.

„... und wo ist der Weihnachtsbaum?“ Glas- und Keramikkugeln können im Garten verstreut werden. Natürlich sind sie nicht dauerhafte Teile, aber das Aufräumen und neu Verteilen gehören zum Erlebnis.

Möbel und Kunstgegenstände entfalten im Schatten eine besondere Wirkung: Eine weiße Sitzbank hebt sich strahlend von einem dunklen Hintergrund ab, glänzende Metallobjekte ziehen magisch Blicke auf sich.

Im Vollschatten ist die weiße Sitzbank der einzige Gegenstand, den man wahrnimmt.

Beide Beispiele, Ivan Hicks' filigraner, aber trotzdem aussagekräftiger Eisenschmetterling links und die große Figur von Jan-Dirk Neuteboom im Priona Garten, Niederlande (rechts) bereichern ihr Umfeld nachhaltig.

Lichtflecken mit Pflanzen

Dass eine dunkle Stelle in einen heiteren, lichtreichen, modernen „Garten" verwandelt werden kann, beweist dieses Beispiel. Ob es sich wie hier um eine Dachterrasse oder einen Hof handelt – die Mittel sind gleich: helle Wände, Licht reflektierende Pflanzcontainer und ein minimalistischer Einsatz von ausgewählten Pflanzen (Buchskugeln und Himalajabirke, *Betula jacquemontii*).

Dunkle Gartenpartien kann man auf vollkommen natürliche Weise aufhellen, einfach durch die entsprechende Auswahl glänzender, heller oder sogar auffällig kontrastreich gezeichneter Pflanzen. Es werden mittlerweile viele Stauden und Gehölze angeboten, bei denen das Blattwerk mit großer Leuchtkraft stärker als die Blüten im Mittelpunkt steht. Sie transportieren Lichtpunkte auf schattige Flächen und lenken effektvoll die Aufmerksamkeit des Betrachters auf sich. Die Verwendung dieser auffallenden Pflanzen – vor allem der gelb- und mehrfarbigen – erfordert viel Fingerspitzengefühl und muss sparsam dosiert werden, weil sonst leicht der Eindruck von aufgeregter Künstlichkeit entsteht.
Im Umgang mit Farben ist besonders bei Standardkombinationen wie Gold/Grün, Silber/Grün oder Purpur/Grün Sorgfalt darauf zu verwenden, dass man innerhalb einer einmal ausgewählten Skala bleibt und als Ergänzung oder Hintergrund entweder ein ruhiges Grün oder eine der Grundfarben aus der jeweiligen Panaschierung wählt und thematisch variiert.
Auch das Verteilungsmuster der Farben auf den Flächen spielt eine wichtige Rolle: Regelmäßig verteilte Panaschierungen, sei es am Rand, in der Mitte oder den strukturierenden Verlauf nachzeichnend, verstärken die Blattform, wirken strenger und sind visuell leichter einzuordnen als locker verstreute. Weiteren Einfluss in diesem Zusammenhang nimmt die Blattgröße: Pflanzen mit großen, panaschierten Blättern heben sich sehr stark von der Umgebung ab und sollten besser nur als Einzelexemplar an hervorgehobenen Standorten verwendet werden.
Auch wenn das Repertoire buntlaubiger Pflanzen ständig anwächst und sich beim breiten Publikum großer Beliebtheit erfreut, darf man durch die Fülle nicht verleitet werden, einem solchen Thema eine ganze Pflanzung zu widmen. Wesentlich effektvoller ist eine ausgewählte Pflanzenkombination in zurückhaltender und farblich sensibel abgestimmter Umgebung. Setzt man panaschierte

Als Pendant zu den gegenüber gezeigten Gestaltungsmitteln ist dieses Beispiel für den Hausgarten geeignet. Gebaute Elemente kommen hier weniger in Frage, vielmehr der gezielte Einsatz von hell leuchtenden Farben. Als dauerhafte Elemente: Papierbirke, *Betula papyrifera*, eine hellgraue Steinbank, dazu *Digitalis purpurea* f. *albiflora* und blauer *Meconopsis betonicifolia.* Für die Farbgebung in den anderen Jahreszeiten sind hell blühende Geophyten und Stauden zu setzen, wie Herbstanemonen *(Anemone* x *hybrida* 'Honorine Jobert').

Pflanzen ein, so ist der angestrebte Aufhellungseffekt auch vom Niveau beziehungsweise von der Höhenstaffelung abhängig. Hier ist deutlich zwischen Gehölzen, Kletterpflanzen und Stauden zu unterscheiden. Unabhängig vom Volumen des Laubes resultieren aus dem Standort und der Augenhöhe des Betrachters zusätzliche Parameter, die den Handlungsspielraum beeinflussen. Das ursprüngliche Ziel einer beabsichtigten Aufhellung kann dadurch überhöht oder reduziert werden. Es gibt einige praktische Regeln, wie mit unterschiedlichen Laubfarben umgegangen werden sollte:

- Gewähltes Farbthema beibehalten
- Grün als Grundfarbe gezielt einsetzen
- Bevorzugung einer ruhigen oder regelmäßigen Panaschierung
- Keine ausschließliche Verwendung panaschierter Pflanzen
- Blattgrößen beachten
- Einfluss der Höhenlage berücksichtigen.

Aus dem breiten Angebot an Pflanzen mit aufhellenden Oberflächen, Blattfarben und Blüten folgt hier eine Auswahl. Der Anteil der Immergrünen in den zugeordneten Rubriken ist stark eingeschränkt, da sich nur wenige im kontinentalen Klima behaupten können. Ein großer Teil der angeführten Pflanzen ist in Baumschulen, Staudengärtnereien und guten Gartencentern erhältlich. Darüber hinaus werden auch einige besondere Züchtungen mit hohem Zierwert erwähnt wie *Mentha rotundifolia* 'Variegata' oder *Rodgersia podophylla* 'Smaragd', die nur in spezialisierten Staudengärtnereien zu finden sind.

Glänzendes, grünes Laub: Die Verwendung von Pflanzen mit glänzenden Blättern ist unter den verschiedenen Möglichkeiten, innerhalb dunkler Areale Strukturen abzugrenzen oder Flächen gegen andere zu stellen, die eleganteste und zurückhaltendste, wenn auch nicht die spektakulärste. Es gibt eine ganze Reihe von Gehölzen und Stauden mit dieser besonderen Blattqualität, die hierfür geeignet sind.

Sträucher:
- *Buxus sempervirens* var. *sempervirens*
- *Ilex aquifolium*
- *Ilex aquifolium* 'Alaska'
- *Ilex crenata*
- *Prunus laurocerasus* 'Otto Luyken'
- *Rhododendron* in Arten und Formen

Kletterpflanzen:
- *Euonymus fortunei* 'Vegetes'
- *Hedera helix*
- *Lonicera henryi*

Stauden:
- *Arum maculatum*
- *Asarum europaeum*
- *Bergenia cordifolia*
- *Epimedium x perralchicum* 'Frohnleiten' (S. 76)
- *Euphorbia amygdaloides* var. *robbiae* (S. 76)
- *Veratrum nigrum*

Farne:
- *Phyllitis scolopendrium*
- *Polystichum aculeatum*
- *Dryopteris erythrosora*

Gräser:
- *Luzula sylvatica* 'Tauernpass'

Gold: Gehölze und Stauden mit sonnig-gelbem Laub haben eine strahlende Fernwirkung und bedürfen gerade aus diesem Grund einer besonders behutsamen Verwendung. Da sie sehr ins Auge fallen, ist vor allem bei höheren, gelblaubigen Gehölzen in kleinen Gärten (eher geeignet für Einbindung im Arboretum im großen Garten oder Park) zu Vorsicht geraten. Kletterpflanzen mit goldenem Laub vor dunklem Hintergrund oder in diesen hinein wachsend (z.B. in eine Eibenhecke) setzen organische und dosierte Tupfen. Sie sind als aufhellende Elemente gut wahrnehmbar.

Die ganze Umgebung von Staude bis Strauch bewegt sich in der gelben Palette. Der Erfolg dieser Pflanzung beruht auf dem ruhigen Mittelpunkt einer grünen *Hosta ventricosa*. Dazu panaschierte *Hosta crispula* im Vordergrund und *Hosta fortunei* 'Gold Standard' im Mittelfeld.

Gold in Form von Blüten ist in vielen Situationen besser als manche krasse Laubfarbe. Dies erweitert die möglichen Pflanzenkombinationen. Hier: *Erythronium oregonum*, heimischer *Ranunculus ficaria*, Euphorbiablüten und zart gesprenkelte Blätter von *Pulmonaria saccharata* 'Glen Chantry'.

Sträucher:
- *Aralia elata* 'Aureovariegata'
- *Buxus sempervirens* 'Aurea Pendula'
- *Buxus sempervirens* 'Latifolia Maculata'
- *Elaeagnus pungens* 'Maculata'
- *Ilex altaclarensis* 'Golden King'
- *Ilex crenata* 'Golden Gem'
- *Ligustrum ovalifolium* 'Aureum'
- *Philadelphus coronarius* 'Aureus'
- *Sambucus canadensis* 'Aurea'
- *Taxus baccata* 'Dovastoniana Aurea'

Kletterpflanzen:
- *Euonymus fortunei* 'Emerald Gold'
- *Hedera helix* 'Goldheart'
- *Humulus lupulus* 'Aureus'

Stauden:
- *Brunnera macrophylla* 'Hadspen Cream'
- *Hosta fortunei* 'Aurea'
- *Hosta*-Hybride 'Hyden Sunset'
- *Hosta lancifolia* 'Kapitän'
- *Hosta sieboldiana* 'Aurea Marginata'
- *Lamium maculatum aureum*
- *Lysimachia nummularia* 'Aurea'
- *Vinca major maculata*

Gräser:
- *Carex elata* 'Bowles Golden'
- *Carex hachijoensis* 'Evergold'
- *Hakonechloa macra* 'Aureola'
- *Milium effusum* 'Aureum'

Oben:
Grau-silbrige Pflanzen für den Schatten sind eher selten. Eine der wenigen ist *Pulmonaria saccharata* 'Argentifolia', eine Liebhaberpflanze für Solitärstellung.

Unten:
***Brunnera macrophylla* 'Langtrees' mit silber-weißen, zarten Punkten ist eine der anpassungsfähigen Bodendeckerstauden für den Schatten.**

Silber und Grau: Auch Pflanzen mit silbrig wirkenden Schattierungen vermögen in dunkleren Bereichen oder Nischen Lichtpunkte zu setzen. Ihre Wirkung ist gut wahrnehmbar, sie suggerieren erfrischende Kühle und heben sich deutlich von der Rahmenpflanzung ab. Übergänge in die weiß panaschierte Richtung sind manchmal fließend.

Gehölze:
- *Euonymus fortunei* var. *radicans* 'Silver Queen'
- *Ilex aquifolium* 'Argentea'
- *Sambucus nigra* 'Pulverulenta'

Kletterpflanzen:
- *Hedera helix* 'Glacier'

Stauden:
- *Lamiastrum* (syn. *Lamium*) *galeobdolon* 'Herman's Pride'
- *Lamiastrum* (syn. *Lamium*) *galeobdolon* 'Silberteppich'
- *Pulmonaria longifolia*
- *Pulmonaria saccharata* 'Argentifolia'
- *Vinca minor* 'Argenteo-Variegata'

Farne:
- *Athyrium niponicum* 'Metallicum' (mit Lila)

Weiß panaschiert: Während die silbrig grauen und auch die gelb variegierten Pflanzen im Halbschatten besser gedeihen, sind die weiß panaschierten ideal für vollen Schatten. Die Wirkung in jeder Höhe ist sehr deutlich und markant. Bei der Verwendung solcher Sträucher ist, wie bereits mehrfach erwähnt, Vorsicht angebracht, weil durch die Massierung eine Unruhe entsteht, die einem anderen, gerade angestrebten Ziel im Schattenbereich entgegen stehen kann. Ihre Platzierung sollte daher sorgfältig überlegt werden. Weiß-bunte Stauden und Gräser können im Unterschied dazu durchaus dosiert angewandt werden, am besten in Kombination mit einfarbig grünen Pflanzen.

Sträucher:
- *Cornus alba* 'Elegantissima'
- *Ilex aquifolium* 'Argentea Marginata'
- *Sambucus* 'Albo Variegata'

Oben:
Im Gegensatz zu den Hosta (abgebildet auf S.112) kommt *Hosta undulata* var. *univittata* in Einzelstellung und in neutralem Umfeld wesentlich besser zur Geltung.

Unten:
Weiß und Weiß-Silber-Kombinationen, ob Blüten oder Laub, können leicht künstlich wirken. Diese Kombination beweist das Gegenteil: *Arum italicum* und *Anemone nemorosa* 'Vestal'.

Stauden:
- *Arum italicum*
- *Astrantia major* 'Sunningdale Variegated'
- *Brunnera macrophylla* 'Langtrees'
- *Fragraria x ananassa* 'Variegata'
- *Lamiastrum* (syn. *Lamium*) *galeobdolon* 'Florentinum'
- *Lunaria annua* 'Variegata' (zweijährig)
- *Mentha rotundifolia* 'Variegata'
- *Hosta crispula*
- *Hosta fortunei* 'Francie'
- *Hosta fortunei* 'Albo-marginata'
- *Hosta sieboldii* (syn. *albomarginata*)
- *Hosta sieboldii* 'Alba'
- *Hosta ventricosa* 'Albo-marginata'
- *Polygonatum falcatum* 'Variegatum'
- *Vinca major* 'Variegata'

Gräser:
- *Carex morrowii* 'Variegata'
- *Carex conica* 'Variegata' *(Hime-kansuge)*
- *Luzula sylvatica* 'Marginata'
- *Holcus mollis* 'Albovariegatus'
- *Melica uniflora* 'Variegata'
- *Molinia caerulea* 'Variegata'

Die Idee eines weißen Gartens, umgesetzt in einem modernen Garten. Die Verteilung der Blüten wurde nicht massiert, sondern auf verschiedenen Niveaus dosiert: unter anderem *Clematis* 'Marie Boisselot', *Polemonium alba* und *Geranium* 'Kashmir White'.

Purpurgrün: Kräftig purpurfarbene Flecken in schattengrüner Umgebung bringen Kontraste und lassen benachbarte Pflanzen noch grüner erscheinen. Generell ist auch hier ähnliche Zurückhaltung angebracht wie bei den anderen buntlaubigen Pflanzen.

Sträucher:
– *Acer palmatum* 'Atropurpureum'
– *Corylus maxima* 'Purpurea'
– *Cotinus coggygria* 'Royal Purple'
– *Berberis thunbergii* 'Atropurpurea'
– *Berberis thunbergii* 'Atropurpurea Nana'
– *Berberis thunbergii* 'Red Chief'
– *Berberis thunbergii* 'Rose Glow'
– *Fagus sylvatica* 'Purpurea'
– *Prunus cerasifera* 'Nigra'
– *Sambucus nigra* 'Guincho Purple'

Kletterpflanzen:
– *Actinidia kolomikta*

Stauden:
– *Ajuga reptans* 'Atropurpurea'
– *Bergenia cordifolia* 'Purpurea'
– *Bergenia purpurascens*
– *Euphorbia amygdaloides rubra*
– *Heuchera micrantha* 'Purple Palace'
– *Houttuynia cordata*
– *Lamiastrum* (syn. *Lamium*) *galeobdolon* 'Florentinum'
– *Ligularia dentata* 'Desdemona'
– *Ophiopogon planiscapus* 'Nigrescens'
– *Rodgersia podophylla* 'Rotlaub'
– *Tellima grandiflora* 'Purpurea'
– *Tricyrtis formosana*
– *Viola labradorica* 'Purpurea'

Gräser:
– *Molinia caerulea* 'Moorhexe'

Hellgrünes Laub: Aufhellungen lassen sich auch durch Pflanzen mit hellgrünem Laub erzielen. Dies vermittelt frühlingshafte Frische.

Sträucher:
– *Acer palmatum* 'Dissectum viridis'

Stauden:
– *Alchemilla mollis*
– *Galium odoratum*
– *Hosta*-Hybride 'Betsy King'
– *Hosta plantaginea* 'Honey Bells'
– *Omphalodes verna*
– *Rodgersia*-Hybride 'Maigrün'
– *Rodgersia podophylla* 'Smaragd'
– *Tiarella cordifolia*

Farne:
– *Adiantum venustum*
– *Dryopteris expansa*
– *Dryopteris uniformis*
– *Matteuccia struthiopteris*
– *Phyllitis scolopendrium* 'Crispum'
– *Polypodium cambricum*

Gräser:
– *Carex plantaginea*
– *Hakonechloa macra*
– *Melica uniflora*

Blüten im Spektrum von Gelb bis Weiß: Helle Blüten wirken vor dunklem Hintergrund intensiver und erzielen eine besondere Leuchtkraft, deren Wertigkeit über die tatsächliche Blütengröße hinaus reicht. Sie sind auf jedem Niveau weithin sichtbar und beleben zu allen Tages- und Jahreszeiten schattige Gartenteile. Ob in massenhafter Konzentration als weiße Blütenteppiche wie bei der heimischen *Anemone nemorosa* oder als hoch über dem dunklen Blattwerk schwebender, weißer Pulk wie bei *Anemone-Japonica*-Hybride 'Honorine Jobert' oder in größerer Höhe als leuchtend zartrosa Blütenbälle über dem dunklen Astwerk wie bei dem *Viburnum* x *burkwoodii* – stets ziehen hellfarbige Blüten die Aufmerksamkeit auf sich und entfalten ihre stärkste Wirkung im Dämmerlicht.

Sträucher:
– *Amelanchier laevis*
– *Amelanchier lamarckii*
– *Cornus alba*
– *Cornus controversa*
– *Cornus kousa*
– *Cornus mas*
– *Euonymus* in Sorten
– *Hydrangea arborescens* 'Grandiflora'
– *Hydrangea paniculata*
– *Mahonia aquifolium*
– *Mahonia bealei*
– *Philadelphus* 'Belle Etoile'
– *Philadelphus coronarius*
– *Pieris floribunda*

Silberkerze, *Cimicifuga dahurica*, ist der Inbegriff von Licht im Schatten.

- *Pieris japonica*
- *Prunus spinosa*
- *Rhododendron* in Arten und Formen
- *Sambucus nigra*
- *Viburnum* x *bodnantense*
- *Viburnum* x *burkwoodii*
- *Viburnum plicatum* 'Mariesii'

Kletterpflanzen:
- *Clematis paniculata*
- *Clematis montana rubens* 'Alba'
- *Clematis vitalba*
- *Clematis tangutica*
- *Hydrangea petiolaris*
- *Lonicera caprifolium*

Stauden und Geophyten:
- *Anemone-Japonica*-Hybride 'Honorine Jobert'
- *Anemone nemorosa* 'Vestal'
- *Anemone blanda* 'White Splendour'
- *Artemisia lactiflora* 'Guizhou'
- *Aruncus dioicus (sylvester)*
- *Astilben* in Sorten
- *Cimicifuga dahurica*
- *Cimicifuga ramosa*
- *Cimicifuga simplex*
- *Erythronium*-Hybride 'Pagoda'
- *Galanthus nivalis*
- *Leucojum vernum*
- *Ligularia przewalskii*
- *Thalictrum aquilegifolium*

Gräser:
- *Luzula nivea*

Ein Plädoyer für einen sensiblen Umgang mit Pflanzen

Es ist heute eine bedauerliche Tatsache, dass innerhalb vergleichbarer klimatischer Verhältnisse allein durch erleichterte Reise- und Transportbedingungen eine weltweite Angleichung der Vegetationen bei gleichzeitiger Missachtung oder Unterdrückung der heimischen Arten stattfindet. Bei einer konsequenten Fortsetzung könnte es bei solcher Inanspruchnahme von Möglichkeiten über viele Jahre hinweg zu einer sehr durchschnittlichen, mehr oder weniger überall gleichermaßen anzutreffenden Vegetation kommen, die den landschaftlichen Charakter ignoriert.
Als Ergebnis droht der unerwünschte Zustand »entropischer Verwahrlosung« mit folgendem Szenarium: Robuste und wüchsige Gartenflüchtlinge breiten sich mit ihrer großen Vitalität zu Lasten der vorhandenen weniger geschätzten Arten aus und unterdrücken diese zunehmend, rigoros und nachhaltig.

S. 120/121:
Das Winterbild von Pflanzen ist ein wichtiger Aspekt. In beschatteten Bereichen, beispielsweise unter immergrünen Gehölzen oder in der Nähe von gebauten Strukturen bekommt Raureif einen besonderen Wert. Durch die Nachzeichnung der Blattränder treten die Blattformen hervor und die Charakteristika der einzelnen Pflanzen werden überhöht. Von rechts nach links: *Hedera helix* 'Alace', *Epimedium* und *Helleborus argutifolius*.